趙振績著

文史哲學集成

契丹族系源流考

文史哲出版社印行

國立中央圖書館出版品預行編目資料

契丹族系源流考 / 趙振績著. -- 初版. -- 臺北
市 : 文史哲, 民８１
面 ; 公分. -- (文史哲學集成 ; 230)
參考書目: 面
ISBN 957-547-001-X (平裝)

1. 契丹族

639.29 ◯ 81000426

㉚ 文史哲學集成

契丹族系源流考

著者：趙振績
出版者：文史哲出版社
登記證字號：行政院新聞局局版臺業字五三三七號
發行人：彭正雄
發行所：文史哲出版社
印刷者：文史哲出版社
台北市羅斯福路一段七十二巷四號
郵撥〇五一二八八一二彭正雄帳戶
電話：三五一一〇二八

實價新台幣三六〇元

中華民國八十一年二月初版

ISBN 957-547-001-X

契丹族源流考序

早歲讀史漢匈奴西域諸傳見王父詔之曰正史不僅紀本國事其時事介世界之情況亦實賴之以存及得侍吳師絅齋讀遼史

四庫載紀幾佔全書之
一族系之後雜纂得而條
理後學趙士撫續等撰遺
史長箋記耶律(移剌)且又
得溯其源而窮其商榷論
其他會編續求博士論文

題遂以契丹源流考屬之
振續馳騁古今以成其文
其間此於族系之研究達
立說途徑雖不盡為時人
所認同然其於族系學之
貢獻要不可沒也書既叙

青春而為之序

中華民國八十年九月楊家駱

契丹族系源流考提要

趙振績

本文研究的目的在考証契丹族系之來源與發展。其研究方法共分十點：㈠父系血緣：如托跋氏與賀蘭氏，耶律氏與蕭氏。㈡氏族地緣：如鮮卑與契丹均因山谷而得名。㈢靈感其徵：化之所感，其徵必至，如契丹之白馬，托跋氏之青年，結爲夫婦。㈣民族地名：地由民族得名，鮮卑山得名於鮮卑族，賀蘭山得名於賀蘭（契丹）族。㈤胡音漢譯：移剌爲胡音，耶律爲漢譯。㈥共稱自稱：耶律氏爲共稱，大賀氏爲自稱。㈦華風夷俗：父死妻其繼母，兄死蒸其寡嫂，不講輩份，不同血緣關係，不算亂倫。㈧北朝族系：北魏托跋氏，北周宇文氏，契丹耶律氏。㈨行部邑國：隨地遷徙，適水草而牧，隨遇而安，安土重遷。㈩山獵水漁：上山打獵，下水捕魚，如契丹之秋山春水捺鉢。

全文分上下兩篇，上篇爲鮮卑族系，鮮卑族系分爲慕容氏，托跋氏，宇文氏，因爲契丹先世與之有著密切之關係。下篇爲契丹族系，契丹族系源於賀蘭氏，遺而爲大賀氏，遥輦氏，與迭剌氏。由於三氏，則形成耶律氏，由於耶律氏，則形成契丹，契丹爲共稱，其自稱爲賀蘭氏。

總之，契丹源於鮮卑族系，成爲中國之代名詞。耶律氏源於托跋氏，耶律氏今簡稱律氏。大賀氏源於賀蘭氏，達呼爾氏爲大賀氏之遺族。崑崙山系之山丹，賀蘭山，挹婁山均爲契丹族系之遺跡。

（本書於民國六十四年春通過國家文學博士論文）

契丹族系源流考 目次

上篇鮮卑族系

下篇　契丹族系源流考

上篇　鮮卑族系考

第一章　東胡之烏桓

論契丹族系，應先述及山戎、山戎之東爲東胡，而東胡族系內分烏桓與鮮卑兩族，契丹爲鮮卑之之別支。

第一節　山戎東胡

山戎東胡首見於逸周書卷七：

東胡黃熊、山戎戎菽（註一）

山戎據傳說自唐虞以上即有：史記匈奴列傳：

唐虞以上有山戎、獫狁葷粥居于北蠻，隨畜牧而轉移，其畜之所多則馬牛羊，其奇畜則橐駞、驢贏、駃騠（註二）、騊駼（註三）驒騱、（註四）逐水草遷徙，毋城郭常處耕田之業，然亦各有分地。毋文書，以言語爲約束，兒能騎羊引弓射鳥鼠，少長則射狐兔，用爲食。士能彎弓，盡爲甲騎，其俗寬，則隨畜，因射獵禽獸爲生業，急則人習戰，攻以侵伐，其天性也。長兵則弓矢，短兵則刀鋌。利則進，不利則退，不羞遁走……上下咸食畜肉，衣其皮革，被旃裘。……父死妻其後母，兄弟死皆取其妻子，其俗有名不諱，而無姓字。（註五）

由上所引山戎與獫狁、葷粥同居于北蠻，亦即塞北，而獫狁、葷粥據晉段灼曰：「堯時曰葷粥、周曰獫狁、秦曰匈奴」則與北方山戎顯然爲一系。塞北民族均重視馬，尤以山戎以後之鮮卑、契丹爲甚，稱其馬爲駃騠（札奇云恐即賀蘭已見註九）、驒（徐廣日音顚，釋名順天也）騱。其俗父死妻其後母，兄弟皆取其妻妻之，「因其爲族外婚制之父系社會。不算亂倫。」（註六）有名不諱而無姓字，均爲族姓。

北方有山戎人，各分散居住谿谷之中，史記匈奴傳：

燕北有東胡山戎，（註七）各分散居谿谷，自有君長，往往而聚者，百有餘戎，莫能相一。……燕有賢將秦開，爲質於胡，胡甚信之，歸而襲破走東胡，東胡卻千餘里。……燕亦築長城，（註八）自造陽（韋昭曰：地名，在上谷。正義曰：按上谷郡今嬀州，即現今察哈爾懷來縣）至襄平（索隱曰：韋昭云：遼東所里也，即現今遼寧遼陽。）（註九）

東胡山戎各分散居於山谷之中，正如烏桓與鮮卑以山居爲主。各邑落自有君長，不相統屬。北方之燕、趙、秦爲了防胡，則修築長城，因之長城爲民族之界限，亦爲文化之界限，經濟之界限，政治之界限，軍事之界限，地域之界限，與氣温之界限。（註一〇）

第二節　東胡與匈奴之衝突

當是之時東胡強，趁勢淩匈奴單于冒頓一而二，再而三，而匈奴乘機擊敗之，見史記匈奴傳：是時東胡強盛，聞冒頓殺父自立（徐廣曰秦二世元年壬辰歲立），乃使使謂冒頓欲得頭曼時有千里馬，冒頓問群臣，群臣皆曰：千里馬，匈奴寶馬也，勿與，冒頓曰：奈何與人鄰國而愛一馬乎，遂與之千里馬。頃之，東胡以爲冒頓畏之，乃使使謂冒頓，欲得單于一閼氏，冒頓復問左右，左右皆怒曰：東胡無道，乃求閼氏，冒頓曰：奈何與人鄰國愛一女子乎，遂取所愛閼氏予東胡。東胡王愈益驕，西侵與匈奴間中有棄地，莫居千餘里，各居其邊爲「歐脫」。（註一一）東胡使使謂冒頓曰：匈奴所與我界歐脫外棄地，匈奴非能至也，吾欲有之。冒頓問群臣，群臣或曰棄地予之亦可，勿與亦可。於是冒頓大怒曰：地者國之本也，奈何予之，諸言予之者，皆斬之。冒頓上馬令國中有後者斬，遂東襲東胡，東胡初輕冒頓不爲備。及冒頓以兵至，大破東胡王，而虜其民人及畜產歸。（註一二）。

東胡因驕，被匈奴單于冒頓大破于西元前約二百年。則據馬長壽說烏桓（丸）與鮮卑族，都是東胡組成之份子。（註一三）

東胡族爲匈奴冒頓單于擊潰，東胡部中之烏桓爲報一箭之仇，漢書卷九十四匈奴傳：烏桓嘗發單于冢，匈奴怨之，方發二萬騎擊烏桓，大將軍霍光欲發兵要擊之，以問護軍都尉趙充國，充國曰：烏桓數犯塞，今匈奴擊之，於漢便。……初光誡朋友兵不空出，即後匈奴，遂擊烏桓，烏桓時新中匈奴兵，明友因乘其敝擊之，斬六千餘級，獲三王首還。（註一四）

東胡爲兇奴冒頓單于擊潰後，烏桓首見前漢昭帝時（其後昭帝崩宣帝即位）（註一五）

第三節　烏桓之起源

烏桓在漢、魏、晉各代文獻內寫爲「烏桓」（註一六）自北魏以後至唐代多寫作「烏丸」（註一七）桓與丸之古音皆讀作蘭（yuan）烏與蘭即爲烏蘭（拉），（註一八）早稱烏蘭，後稱烏桓。關于烏桓名稱之來源說法有三：

第一目　以部落大人名爲名稱說

一、以部落大人名爲名，後來引申爲部落之名，（註一九）續漢書云：

漢初，匈奴冒頓滅其國，餘類保烏桓山以爲號，俗隨水草無常處。桓以之名，烏號爲姓。父母男女悉髠頭爲輕便也。（註二〇）

主張烏桓是以保烏桓山以爲號，五烏爲姓，以桓爲名，似起之部落大人之姓名。

第二目　因草爲號說

二、因草爲號，馮氏家昇嘗疑烏桓爲東晉時宇文之前身，以音韻較：「烏」「于」（wu˝ yu˝）古時常通用，「桓」「丸」與「文」爲對音，以住地言，宇文根據地爲土河，烏桓亦然。烏桓名來之草名：通鑑卷八一晉紀武帝太康六年主引何氏姓苑曰：「宇文氏出自炎帝，其後以嘗草之功，鮮卑呼草爲『俟汾』，遂號爲俟汾氏，後世通稱俟汾，蓋音訛也」。按長城附近蒙古人語草曰 ebesu，ebesun 喀爾喀語曰： ubusun ubusun 布里雅特（Buryat）語曰： abuhim abuhem。v古音讀 b（今日人猶然），而 auuhim 或 auohom 正與俟汾，宇文，烏丸爲對音。苟此說不誤，則烏桓原義爲草。或者其人逐水草而居，以草可貴，而自名者與。（註二一）

烏桓名稱來之草名俟汾，可能即是烏蘭草。「烏蘭草即是紅根草，葉瘦長而柔韌，可以製繩。將這草用木捶熟，墊在皮鞋中，温輭如棉絮，雖行冰雪中，足不知冷，赫哲人稱皮鞋爲烏拉（蘭），故又名烏拉草。」（註二二）則烏桓原義由烏蘭（拉）草，即紅之義，因其人逐水草而居，故以草爲貴，牧畜可食草，草亦可保暖，故草甚爲重要。

第三目　以烏桓山得名說

以烏桓山得名：後漢書烏桓傳：

烏桓者，本東胡也。漢初匈奴冒頓滅其國，餘類保烏桓山，因以爲號焉。（註二三）

丁謙後漢書烏桓傳考證曰：

烏桓因山得名。烏桓者，烏蘭之轉音也。蒙古語紅曰烏蘭，故傳中又稱赤山。『蒙古游牧紀卷三（阿嚕科爾沁葉十七下—十八上）阿嚕科爾沁旗北至烏蘭峰，與烏珠穆秦旗接界。又云：西北有烏遼山、即烏丸山、知烏桓、烏蘭、烏丸名雖小異，實即一山，此山高大，爲內興安嶺南行正幹。所以部人東走時，得據山以自保。用是尊之爲神，故有人死靈歸是山之語。又遼史地理志：烏州本烏丸地，有遼河、夜河、烏丸川、烏丸山。遼河即錫喇木倫河，夜河即哈喜爾河，烏丸川即烏爾渾河（烏爾渾亦烏丸轉音，而烏丸山居於三水之間。凡此皆烏桓部地，今在阿嚕科爾沁之明徵」。（註二四）。

烏桓是因烏桓山而得名，烏桓山亦稱烏拉山，其山多處有，西伯利亞有烏拉山，西剌木倫兩岸有烏桓（拉）山，（註二五）內興安嶺南行正幹即是烏桓山。以筆者淺見，內興安嶺即是大烏桓山，（註二六）即是烏桓人集散之地。烏蘭地各有二十餘處之多。（註二七）因此烏桓名稱之來源，並不等于烏桓族，即是起源于烏桓山。（註二八）其烏桓卒之眞正起源于赤山即紅山，紅山代表第四世紀之紅土層，此時有了中國祖先上洞人與北京人。（註二九）王沈：魏書述及烏桓人之喪葬儀式云：

斂尸有棺。始則哭，葬則歌舞相送。肥養一犬，以采繩嬰牽，並取亡者所乘馬、衣物、生時服飾皆燒以送之。特屬累（後漢書註：乃付托也）犬，使護死者神靈歸乎赤山。赤山在遼東西北數千里，如中國以死（者）之魂神歸泰山也。使二人口誦咒文，使死者魂神經至歷險阻，勿令橫鬼遮，護達其赤山。然後殺犬馬，衣物燒之。（註三〇）

這段史料對於硏究烏桓民族起源十分重要，烏桓人死要神魂歸至赤山。（註三一）按赤山即是赤土，赤土即是紅土，紅土即是代表第四世紀之土地，此時正是上洞與北京人生長之時代，因之稱其人爲紅人（現美洲尚紅人（蕃），漸演變成烏桓，烏桓即烏蘭，烏蘭蒙語即紅之義）。（註三二）所以赤山是代表紅土層所生長之人，演變迄今，仍象徵那時期老祖宗之義。因此烏桓山在那裡，有幾個，只是表示烏桓人所居之地，非是烏桓名稱之來源。而烏桓名稱之淵源，是紅土時代之象徵，「現在紅土已被黃土所煙。」（註三三）故以有紅土之山，稱之爲赤（紅）山，爲著紅土時之象徵。

第四節　烏桓之牧處及其與他族之關係

第一目　烏桓之牧處

烏桓和鮮卑二族，最初起源于蒙古草原的東南部和東北角，正巧都在今日內蒙古熱河境內。（註三四）即老哈流域。（註三五）自匈奴擊破東胡以後，烏桓北徙，駐牧西拉木倫（河）以北之烏桓山一帶，然他們主要之根據地在老哈河流域之赤山和白山間。自匈奴西遁南遷之後，烏桓跟著西遷至內蒙古之鄂爾多斯草原一帶。（註三六）見後漢書烏桓列傳：

漢武帝元狩四年（西元前一一九）遺驃騎將軍霍去病擊破匈奴，因徒烏桓於上谷、漁陽、右北平、遼西、遼東五郡塞外，並在幽州之治所薊（今北平）設置烏桓校尉以監領之。（註三七）。

烏桓自漢武帝元狩四年（四元前一一九年）降漢南下後居于上谷、漁陽、右北平、寮西、寮東五郡塞外地。至東漢光武帝建二十五年（西元四十九年）烏桓自塞外轉入塞內之廣陽、代郡、雁門、太原、朔方五郡，共一萬六七千帳落群，對於東漢政治、經濟、軍事之影響很大。（註三八）漢獻帝十二年（西元二〇七年）曹操自征烏桓大破蹋頓於柳城，斬之，首虜二十餘萬人。袁尚與樓班烏延等皆走遼東，太守並斬送之，其餘衆，萬餘落，悉徙居中國。（註三九）曹操所征服地，只限于遼東、西，右北平，而朔方、雁門、代郡之烏桓，後加入拓跋氏，魏書、序紀。

（始祖神元皇帝）五十八年（西元二七七年），…其年始祖不豫。烏丸王庫賢親近任勢，先受衛瓘之貨，故欲沮動諸部。因在庭中礪礪斧。諸大人問欲何爲，答曰：上恨汝曹讒殺太子，今欲盡收諸大人長子殺之。大人皆信，各各散走。（註四〇）。

序紀所稱沮動諸部之烏丸王庫賢，係代表烏桓參加鮮卑拓跋氏部落聯盟。晉書、衛瓘傳：

于時，幽、并東有務（烏）桓，西有力微，並爲邊害。（註四一）。

此務桓即烏桓，在拓跋部之西，幽州之北，可能爲代郡烏桓。魏書、官氏志列烏桓爲內入諸姓之一：

其諸方雜入來附者，總謂之烏丸。各以多少稱酋庶長，分爲南北部，復置二部大人以統攝之。（註四二）

又通鑑卷九十六對此烏桓解釋云：

代人謂它國之民來附者，皆爲烏桓。

魏書官氏志所謂烏桓氏之烏桓。在代之烏桓已甚多。

烏桓于西晉末年趁永嘉之禍開始內徙。幽州刺史王浚引遼西段鮮卑以攻石勒，因之烏桓鮮卑則從東北遷到幽州中部與冀州。（註四三）時值幽州大水災，王浚和段氏無法善後，一部分鮮卑和烏桓因而分散，有的投降石勒和劉曜，有的進入太行山內割據自雄。（註四四）西元三三八年，石虎遣步騎水師二十萬伐段氏，遷其族二萬戶于雍、司、兗、豫四州。西元三四〇年，又徙遼西，北平、漁陽一萬多戶於兗、豫、雍、洛四州。從此鮮卑及烏桓遂遍及于今河北南部彰德府一帶爲鮮卑七〇年擊滅前燕，統一華北，遷鮮卑四萬多戶於長安。次年遷烏桓雜類于馮翊和北地。（註四五）

烏桓爲游牧民族，牧地甚廣，然其原始地，究竟在何處，見後漢書烏桓傳：

（烏桓）使死者神靈歸赤山，赤山在遼東西北數千里。……若亡畔爲大人所補者，邑落不得受之，皆徙逐於雍狂之地，沙漠之中。其土多蝮蛇，在丁令西南，烏孫東北焉。（註四六）（前書音義曰丁令匈奴別種令音零）。

再引讀史方輿紀要卷十八直隸九：

後漢書爲烏桓故地，在丁零西南，烏孫東北。（註四七）

烏桓使死者神靈歸赤山，赤山在遼東西北數千里，此數千里，約當於雍狂之地，沙漠之中，其地可能在丁零西南，烏孫東北，即顧祖禹解釋後漢書烏桓傳。烏桓故地即在丁零之西南，烏孫之東北。綜論，烏桓居地廣，塞外由東自遼東、遼西、右北平、漁陽、上谷等五郡。至東漢光武帝建武廿五年（西元四十九年）烏桓自塞外轉入塞內之廣陽、代郡、雁門、太原、朔方等五郡。並徙入豫、洛、雍、兗四州。即今之河北南部，河南北部，陝西東西部和北部，中以河北南部彰德府一帶爲烏桓，鮮卑之集中地。其烏桓故地即在丁零之西南，烏孫之東北，即在貝加爾湖西南一帶。

第二目　烏桓與鮮卑之關係

一、烏桓與鮮卑關係：燕北有東胡山戎（服虔曰烏桓之先也，後爲鮮卑）（註四八）烏桓與東部鮮卑原來都屬於東胡部落聯盟支柱。他們分佈在烏桓山與鮮卑山一帶，二山都在今蒙古草原的東南部西遼河上游西拉木倫以北的丘陵地帶，二族「其言語、文化、習俗相同」。（註四九）故其關係爲東胡聯盟之一支，先有烏桓後有鮮卑，關係密切。

東漢永平初年鮮卑與遼東太守祭彤聯合攻下赤山的烏桓以後，大部分之烏桓雖然南遷，但留在塞外之烏桓便被鮮卑部落大人統治，後來這些烏桓就同化于鮮卑族中。（註五〇）塞外之烏桓族自鮮卑征服以後，他們之行動自然以鮮卑之進退爲依歸，故多不見於記載。（註五一）

西晉初年，幽州北邊障塞內外之烏桓分歸慕容氏，宇文氏，段氏之統治。因爲他們之語言習俗和鮮卑相同，所以很快則融合于鮮卑族中。（註五二）。

當苻秦瓦解，慕容氏復國運動中，而烏桓組軍隊，助慕容垂建立後燕，通鑑卷一〇五：

（晉孝武太元八——九（西元三八三——四年）慕容垂濟河焚橋……遣田山如鄴（今河北臨漳縣），告密農（垂子）等，使起兵相應。……農，楷（垂兄子）將數十騎微服出鄴，遂同奔列入（今河北肥鄉縣東北）。……慕容農之奔列入也，止於烏桓魯利家。利爲之置饌，農笑而不食。利謂其妻曰「惡奴，郎貴人。家貧無之饌，奈何？」妻曰「郎有雄才大志，今無故而至，必將有異，非爲飲食來也。君極出遠望，以備非常。」利從之。農謂利曰「吾欲集兵列人以圖復興，卿能從我乎？」利曰「死生唯郎是從。農乃詣烏桓張驤，說之曰「家翟主已舉大事，翟斌咸相推奉，遠近響應，故來相告耳。驤再拜曰：「得救主而奉之，敢不盡死！于是農驅列人居民爲士卒，斬桑榆爲兵，裂襜裳爲旗，使趙秋說屠各華聰，聰與屠各卜勝、張延、李白、郭超，及東夷余和、刺勃、易陽（今河北邯鄲縣北之臨洺關）烏桓劉大各帥部衆數千赴之，農假張驤輔國將軍，劉大安遠將軍，魯利建威將軍。（註五三）

烏桓魯利、張驤居列入，在襄國東南；劉大居易陽，在襄國南，其人皆爲襄國（今河北邢台縣）烏桓無疑。魯利夫歸稱慕容農爲「郎」。胡三省注云：「今世俗多呼其主爲「郎主」，又呼其主之子爲「郎君」。魯利對慕容農曰：「死生唯郎是從」。張驤亦曰：「得救主而奉之，敢不盡死」，從而可以理解襄國烏桓曾是鮮卑貴族之農奴或部曲。（註五四）

烏桓於四世紀中葉事慕容事見通鑑卷一〇五慕容楷條：

楷謂紹曰：「鮮卑、烏桓及冀州之民本皆燕臣」。（註五五）

慕容氏貴族集團把襄國烏桓舊部收編後，首要之目的，爲攻打苻堅之子丕占有之鄴城。晉書・苻堅載記下云：垂引丁零、烏丸之衆二十餘萬爲飛梯，地道以攻鄴城。（註五六）

此役爲翟斌所說之新安丁零叛變，（註五七）而烏桓之魯利、張驤所統部衆則忠心以赴，並隨慕容氏南征北戰，由此可知烏桓和鮮卑之關係是較爲密切的。

然冀州平原之烏桓，也有些烏桓不願隨慕容氏起兵，見通鑑卷一〇五晉孝武帝太元九年（西元三八四）：

東胡王晏據館陶（今山東西部館陶縣），爲鄴中聲援，鮮卑、烏桓及郡縣民據塢壁不從燕者尚衆；燕王垂遣太原楷與鎮南將軍陳留王紹討之。……楷乃屯于辟陽（今河北冀縣），紹帥騎數百往說王晏，爲陳禍福。晏隨紹詣降。於是鮮卑、烏桓及塢民降者數十萬口。楷留其老弱，置守宰以撫之，發其丁壯十餘萬，與王晏詣鄴。（註五八）

烏桓等衆初不願從慕容氏，經陳留王紹帥數百騎往說王晏，於是鮮卑、烏桓等數十萬口降之。

烏桓不甘爲拓跋鮮卑統治，故脫遷之，魏書，太祖紀：

張驤被擒。天興元年（西元三九八五年九月烏丸）張驤子超收合亡命，聚黨三千餘家，據勃海之南皮，自號征東大將軍烏桓王，抄略諸郡，詔將軍庾岳討之。（註五九）

烏桓王張超之所以奔渤海，因爲那裡可以聚族自保。

天興二年（西元三九九年）征虜將軍破張超於渤海，超走平原，爲其黨所殺。（註六〇）

此後之烏桓爲鮮卑所統治者，則改稱族名（姓）見讀史方輿記要卷十八：

奚亦東部種也或曰烏桓，即烏桓蹋頭之後。晉永嘉以後，有（稱）庫莫（紅之義）奚，屬鮮卑宇文部，與契丹同類而異種。隋書庫莫奚爲慕容氏所破，遺落竄匿松漠間。高齊天寶三年齊主洋伐庫莫奚大破之，其後單稱爲奚。……舊五代史：奚之先爲匈奴所破，保烏丸山（故稱烏丸）。（註六一）

由上引奚之先爲烏桓，烏桓後爲鮮卑所統治，爲免鮮卑人之歧視，故改族名爲奚，奚與鮮同韻，爲保其族之特性，故在奚上冠以庫莫，庫莫即紅之義，而烏桓亦即紅之義。

烏桓原始究竟住在甚麼地方，東漢末年住在離石通天山之烏桓，烏桓是通天山烏桓之后裔，亦未可知。（註六二）

第三目　烏桓與匈奴關係

烏桓自爲匈奴單于冒頓所破，衆遂孤弱，常臣服於匈奴，後漢書烏桓列傳：

> 烏桓爲冒頓所破，衆遂孤弱，常臣伏匈奴，歲輸牛馬羊皮，過時不具，輒没其妻子。（註六三）

烏桓自被匈奴擊潰，則臣伏匈奴，向其納貢受辱，是一主奴之關係。

漢武帝時擊敗匈奴，使烏桓爲漢朝邊塞之耳目，後漢書烏桓傳：

> 武帝（元狩四年，西元一一九年）遣驃騎將軍霍去病擊破匈奴左地，因徙烏桓於上谷漁陽，右北平、遼西、遼東五部塞外，爲漢偵察匈奴動靜，其大人歲一朝見。於是始置護烏桓校尉，擁使節監領之，使不得與匈奴交通。（註六四）

漢武帝擊敗匈奴，置烏桓於邊塞，偵察匈奴動靜，使其不得與匈奴聯絡，因之烏桓與匈奴處於對等地位。

> 昭帝時烏桓漸強，乃發匈奴單于冢墓，以招冒頓之怨，匈奴大怒，乃東擊破烏桓（註六五）

西元一世紀初年，王莽遣派使者頒佈四項條款與匈奴囊知牙斯單于，其中一條漢書匈奴傳下：

烏桓降匈奴者皆不得受，遣中郎將王駿等，使匈奴班四條與（囊知牙斯）單于：令奉行。漢既班四條後護桓使者告烏桓民毋得復與匈奴皮布稅，匈奴以故事遣使者責烏桓稅，匈奴人民婦女欲賈販者皆隨往，烏桓拒曰：「奉天子詔條不當予匈奴稅，匈奴使怒收烏桓酋豪縛倒懸之，酋豪昆弟怒，共殺匈奴使及其官屬，收略婦女馬牛。單于聞之遣使發左賢王兵，入烏桓責殺使者，因攻擊之，烏桓分散，或走上山或保塞。匈奴頗殺人民，歐婦女弱小，且虜千人去，置左地，告烏桓曰：「持馬畜皮布來贖之。烏桓見略者親屬二千餘人，持財畜往贖，匈奴受留不遣。……（新王莽始建國元年，西元九年）王莽遣派武官六人到單于庭換取單于印璽，歸途在左犁汗王咸的居地看到被掠之烏桓人民很多，經交涉，單于始允許把掠者放還。（註六六）

烏桓如不輸歲貢匈奴，則輒沒其妻子。匈奴責烏桓稅，烏桓拒之，收略其婦女馬牛。匈奴報復毆辱婦女弱小，且千人去。如此以婦女爲人質，爲戰利品，則兩族定多混血兒之子女，造成兩民族之混合。

第四目　烏桓與漢朝之關係

烏桓與漢朝之關係，多半由於經濟上之原因而促成的。史記：貨殖列傳：

上谷至遼東，地踔遠，人民稀，數被寇，大約與趙、代俗相類，而民雕捍少慮，有魚鹽棗栗之饒，北鄰烏桓夫餘，東綰穢、貉、朝鮮、真番之利（註六七）

史記貨殖列傳所云爲前漢武帝時北方與烏桓經濟環境，甚是富饒，出魚、鹽、棗、栗之利，此正是居上谷烏桓五千多落，遼西五千多落，遼東一千多落，右北平八百多落，約爲三十餘萬口烏桓人所

必需之利。（註六八）

後漢書、劉虞傳：

（虞）勸督農植，開上谷胡市之利，通漁陽鹽鐵之饒民悅年登，谷石三十。青徐士庶避黃巾之難歸虞者，百餘萬口。（註六九）

上谷、漁陽二郡農、礦富饒，與烏桓所需經濟關係密切。

王沈：魏書：記載東漢初年烏桓入居緣邊十郡塞內，烏桓人主要任務是「招來種人，給其衣食，置校尉以領之，遂爲漢朝偵備，攻匈奴，擊鮮卑。烏桓人民爲其衣食不給，給漢朝作僱傭兵，不僅去打匈奴、鮮卑，且攻烏桓本族，甚而遠至西南荊州之零陵與桂陽去打戎兵。（註七〇）

漢武帝時，上谷、漁陽、右北平、遼西、遼東五郡塞外，烏桓爲漢偵察匈奴動靜。昭帝時烏桓爲度遼將范明友乘烏桓新敗于匈奴進擊，斬首六千餘級，由是烏桓復寇幽州，明友擊破之。宣帝時乃降附保塞。王莽時質烏桓叛之。光武帝時烏桓先叛後率衆向化。明章二帝皆保塞無事。獻帝初年丘力居死，子樓班年少從子蹋頓有武略代立，總攝三郡衆，皆從其號令。建安初冀州牧袁紹與前將軍公孫瓚相持不決，蹋頓助紹破瓚。時幽冀吏人奔烏桓者十萬餘戶。（註七一）

曹操於建安十二年（西元二〇七年）擊破柳城烏桓後，魏書武帝紀：

胡漢降者二十餘萬口。（註七二）

魏書：烏丸傳：

其餘遺逆皆降，及幽州、并州所統烏丸萬餘落悉徙其族居中國，帥從其侯、王、大人、種衆與征伐。由是三郡烏桓爲天下名騎。（註七三）

而後漢書、烏桓傳：

首虜二十餘萬人。……其餘衆萬餘悉徙居中國云。（註七四）

後漢書之敍述，顯然是總結魏武帝紀和烏桓傳，胡漢降者二十餘萬，是指在柳城戰役中烏桓蹋頓和袁尚部下投降胡漢人口。而徙居中國者，尚未計算在內。

五胡十六國時，烏桓有時附匈奴之石勒，有時附慕容氏。「雖然如此，但歷史上之烏桓大半數是同化于漢族。於曹魏時，烏桓遷入內地與漢族軍隊在各處打仗外。雁門烏桓已經改「落」爲「家」其首領歸義侯王同、王寄從姓名上看已經漢化，這是烏桓漢化最早一個例證。當五胡十六國和北魏時，有許多烏桓之姓氏和郝氏、劉氏、張氏、王氏相繼出現，這正是烏桓漢化之最好說明。他們之姓氏既經漢化，又諱言其系出山戎，給後人研究族姓一很大困難。（註七五）如唐太宗時之宰相王珪、舊唐書、王珪傳：

王珪字叔玠，太原祁人也。在魏爲烏丸氏，曾祖神念自魏奔梁，復姓王氏。祖僧辮、梁太尉、尚書令、父顗、北齊樂陵太守。（註七六）

王珪士唐爲北朝政治系統，有胡風，故傳中標出其祖先眞正族系爲烏丸，而其祖王僧辯士南朝之梁，故隱其族系。

魏書官氏志：「烏丸後改爲桓氏」（註七七）

據姚薇元著，北朝胡姓考：北齊王紘、王康德、北周王德、王軌皆烏桓人。陳書、高祖紀：北齊有和州長史烏丸遠、隋書、豆盧勣傳：隋有莒州刺史烏丸尼，按其姓氏皆爲烏桓人。（註七八）

舊唐書、室韋傳、「烏羅護之東北二百餘里，那河之北，有古烏丸之遺人，今亦自稱烏丸國」（註七九）那河即今之黑龍江，此烏桓遺人在黑龍江以今俄屬西伯利亞東部境內。（註八〇）

新唐書、回鶻傳：太宗時，北狄能自通者，又有烏羅渾，又曰烏羅護直京師東北六千里而贏、東靺鞨、西突厥、南契丹、北烏丸，大抵風俗皆靺鞨也」。（註八一）

「據此則烏桓一部，至唐代尚能保聚一隅，其乃不復見，殆已併入他族矣」（註八二）而金史經常有烏延部，據謝庫德傳稱烏延居蟬春水之附近。食貨志亦作蟬春水，即今圖們江東北支流之艾河，一稱嘎呀河或噶哈里河（註八三）按金代之烏延是否即完顏，而三國時之烏延，則烏延恐完顏也。

【附　註】

註　一：逸周書卷十晉孔晁注用朱右曾逸周書集訓校釋本卷七，王會解。

註　二：札奇斯欽著：北亞游牧民族與中原農業民族間的和平戰爭與貿易之關係頁二一一註五之四云：「駚

騠：恐即賀蘭（剌）音徐廣：『北狄駿馬」』爲蒙古漠北地區和青海稀存的賀蘭（剌）馬（Khulan）：彭大雅撰：黑韃事略箋證葉十八云：移剌（賀蘭）者公馬也強狀不曾扇，專管騍馬。

註　三：史記卷一百十匈奴列傳葉一下去：騊駼：徐廣曰：「似馬而青」。索隱曰「按郭璞注爾雅云：騊駼馬青色，音淘塗，又字林云：野馬，山海經云：山海內有獸其狀如馬，其名騊駼也。

註　四：同前書：驒騱：徐廣曰「音顚巨需之屬」。索隱曰：「說文云，野馬屬，一云青驪驎驒文如鼉魚。後誕生本騱字作悉。」

註　五：同前書葉一上—二上。

註　六：李宗侗著：中國古代社會史冊一，頁七。

註　七：史記卷一百十匈奴傳葉五上：山戎：漢書音義曰烏丸或云鮮卑。索陰曰服虔云：東胡烏丸之先，後爲鮮卑，在匈奴之東胡曰東胡，案續漢書曰：漢初匈奴冒頓滅其國，餘類保烏桓山以爲號，俗隨水草居無常處，桓以之名，烏號爲姓，父子男女悉髡頭爲輕便也。

註　八：同前書：秦惠王拔義渠二十五城，秦爲防戎有隴西北上郡築長城以拒胡。而趙武靈王亦變俗胡服習騎射，北破林胡樓煩築長城，自代並（音傍）陰山，下至高闕爲塞（徐廣曰在朔方。正義曰地理志云朔方臨戎縣北有連山險於長城，其山中斷兩峰倶埈土俗名爲高闕）。

註　九：同前書，葉六上。

註一〇：同前書。

註一一：丁謙撰：漢書匈奴傳地理考證卷二葉二十三下至二十上，蓬萊軒地理學叢書六十六至六十七。歐脫舊解辦，服、顏二氏說防守邊堠誤。歐脫應指棄地而言。

註一二：史記卷一百十匈奴，葉八上—九上，前漢書卷九十四匈奴傳，葉五下—六下。

註一三：馬長壽著：烏桓與鮮卑頁一一二。

註一四：前漢書卷九十四匈奴傳，葉二下，三十二上。

註一五：同前書，葉三十三下。

註一六：馬長壽著：烏桓與鮮卑頁一一二註一：史記：貨植傳，漢書昭帝紀，匈奴傳，後漢書帝紀，烏桓傳，後漢紀皆作烏桓。漢書、地理志：三國魏志漢紀，晉書：王沈傳及載紀皆作烏丸。

註一七：同前書：註二：魏書：序紀、徒何段氏傳，舊唐書：室韋傳，薪唐書：回鶻傳皆稱烏丸。

註一八：後漢書烏桓傳考證，丁謙撰：蓬萊軒地理學叢書頁三五八—九：烏桓者烏蘭之轉音，蒙古語紅曰烏蘭。

註一九：馬長壽著：烏桓與鮮卑頁一一三。

註二〇：史紀卷百十匈奴列傳，索隱，案續漢書曰，馬長壽：烏桓與鮮卑頁一一三。

註二一：馮家昇著：述東胡系之民族一烏桓，禹貢半月刊卷三期八頁三五六。

註二二：凌純聲著：松花江下游的赫哲族頁二〇二—四。

註二三：後漢書卷九十烏桓列傳葉一上。

註二四：馮家昇著：述東胡系之民族，禹貢半月刊卷三期八頁三五五；亦見丁謙撰後漢書烏桓傳考證葉二下—三上，蓬萊軒地理學叢書頁三五八—九。

註二五：馬長壽著：烏桓與鮮卑頁一一六。

註二六：何秋濤著，朔方備乘卷三十一札記葉五下。

註二七：大清一統志索引烏字劃。

註二八：馬長壽著：烏桓與鮮卑頁一一四。

註二九：石璋如著：史前篇，中國歷史地理頁八。

註三〇：三國志三十魏志烏丸傳葉二下。

註三一：同前書。馬長壽著：烏桓與鮮卑頁一一四云：赤山今熱河赤峰縣縣北十里有赤山、紅山、赤峰、似皆漁陽赤山得名丁謙後漢書烏桓傳地理考證。

註三二：丁謙撰：後漢書烏桓考證葉二下，蓬萊軒地理學叢書頁三五八。

註三三：石璋如著：史前篇，中國歷史地理頁八。

註三四：馬長壽著：烏桓與鮮卑頁一。

註三五：同前書頁十。

註三六：同前書頁二八—九。

註三七：後漢書卷九十烏桓傳葉三下。

註三八：馬長壽著烏桓與鮮卑頁三十五。
註三九：後漢書卷九十烏桓傳葉八上。
註四〇：魏書一序紀一葉五上—六上。
註四一：晉書三十六列葉二上。
註四二：魏書卷一百十三官氏志葉一下—二上。
註四三：晉書王浚傳。
註四四：晉書石四勒載記四上。
註四五：馬長壽著烏桓與鮮卑葉四十—四十一。
註四六：後漢書卷九十烏桓列傳八十葉三上。
註四七：顧祖禹撰讀史方輿紀要卷十八直隸九葉之十頁四〇六。
註四八：漢書卷九四匈奴傳六十四上葉三下。
註四九：後漢書卷九十鮮卑葉八上。
註五〇：馬長壽著：烏桓與鮮卑頁三十。
註五一：同前書頁一三七。
註五二：同前書頁一六一。
註五三：通鑑卷一〇五頁三一九、三三二〇、三三二一、三三二二。

註五四：馬長壽著：同前書頁一六四。
註五五：通鑑卷一〇五頁三三二六。
註五六：晉書頁十四，苻堅載記下葉八上。通鑑卷一〇五頁三三二五。
註五七：崔斌所統領新安丁零叛慕容垂史事見晉書卷百十四載記苻堅下葉七下。
註五八：通鑑卷一〇五頁三三二五。晉孝武帝太元九年（西元三八四年）條。
註五九：魏書卷二太祖紀二葉十七下。
註六〇：同前書葉十九下八六三七。
註六一：顧祖禹撰：讀史方輿紀要卷十八直隸九葉五十九下。
註六二：馬長壽著：烏桓與鮮卑頁一六五。
註六三：後漢書卷九十烏桓葉三上－下。
註六四：同前書葉三下。
註六五：同前書。
註六六：漢書卷九四下匈奴傳葉十九下－廿一上。
註六七：史記卷百廿九貨殖列傳頁九下。
註六八：馬長壽著同前書頁一三九，所謂聚落，每落有二十餘口，一萬六千落之烏桓人口約當三十多萬。
註六九：後漢書卷七三劉虞傳葉二下－三上。

註七〇：馬長壽著頁一四一。
註七一：後漢書卷九十烏桓傳葉三下—八上。
註七二：三國志一武帝紀一葉廿六。
註七三：三國志卷三十魏志烏丸傳三十葉五上。
註七四：後漢書卷九十烏桓傳葉八上。
註七五：馬長壽著：烏桓與鮮卑頁一六九。
註七六：舊唐書王陸傳葉一上。
註七七：魏書卷百十二官氏志葉四二上。
註七八：姚薇元著：北朝胡姓考頁二五六。
註七九：舊唐書室韋葉十上。
註八〇：馬長壽同前書頁一七〇。
註八一：新唐書回鶻傳葉三下。
註八二：金毓黻著：東北通史上卷葉廿三上。
註八三：馬長壽著：烏桓與鮮卑頁一七。

第二章　鮮卑族系

鮮卑族系可分前後兩時期，前期敘鮮卑族之起源，後期則述鮮卑族系之分支，其主要分爲三大族系，慕容氏、拓跋氏、宇文氏。（註一）及其居地。鮮卑族系最大之特點爲融合促其族之優秀，軍事聯盟，使族之強大。（註二）東胡族先爲烏桓，後爲鮮卑（註三）其盛於東漢之初期。（註四）

第一節　鮮卑族之起源

鮮卑族爲東胡之遺，前漢時，未嘗通中國。後漢光武時，始通驛使。關于鮮卑之起源有四說：（一）徒人得名、（二）以鮮卑山得名、（三）祥瑞爲號、（四）混血兒名：

第一目　以徒人得名說

以徒人得名：山戎越燕而伐齊，秦築長城，史記匈奴列傳：

山戎越燕而伐齊，（索隱曰服虔云山戎蓋今鮮卑，胡廣云鮮卑東胡別種。又案應奉云：秦築長城，徒士亡出塞外，依鮮卑山因爲號。）（註五）

又如漢名臣奏云：

鮮卑爲秦始皇時修築長城的徒人，出亡塞外人皆髡頭、衣赭、手足褌腫、此爲徒人狀也。

此應奉語似爲司馬貞所節引，非應奉原文。原文當如「輸苑注」所引「漢名奏議」云云。此條不見于今本「風俗通」其說約系東漢人之一種傳說，不足爲憑。（註六）

第二目　以鮮卑山得名說

以鮮卑山得名：塞北民族之探討，對於山水不可不留意：後漢書鮮卑傳：

鮮卑者，亦東胡之支也，別依鮮卑山，故因號焉。（註七）

三國志鮮卑傳註引魚豢魏略：

鮮卑亦東胡之餘也，別保鮮卑山，因號焉。（註八）

晉書慕容廆載記：

慕容廆字奕洛瓌，昌黎棘（棘）人城鮮卑人也，其先有熊氏之苗裔，世居北夷，邑于紫蒙之野，號曰東胡，其後與匈奴並盛，控弦之士二十餘萬，風俗官號與匈奴略同。秦漢之際，爲匈奴所敗，分保鮮卑山，因以爲號。（註九）

鮮卑族保鮮卑山，因以爲號，鮮卑山本身不會命名，是爲鮮卑族而得名。鮮卑族被匈奴擊敗，保鮮卑山，究竟是那一座鮮卑山，其方位如何？茲分東、南、西、北四鮮卑山論之如下：

一、東鮮卑山

東鮮卑山：三國志魏志鮮卑傳：（東胡）別依鮮卑山。魏之先居幽都，鑿石爲祖宗之廟於烏洛侯國西北。眞君四年遣中書侍郎李敞詣石室，告祭天地，以皇祖先妣配。祝曰：「天子燾謹遣敞等用駿足，一元天武敢昭告于皇天子之靈。自啟闢之初，祐我皇祖，于彼土田。……」鮮卑山今之興安領。（註一〇）乾隆內府輿圖：第七排東一，會必拉（河）之西，喀爾喀「必拉」（河）之東，有一錫伯阿林（山）。胡林冀大清一統輿圖「黑龍江境，呼倫貝爾城南（今興安省海拉爾市），輝河西北，有「錫伯山」即內府輿圖之錫伯阿林（山），輝河即今「必拉」（河）。李誠萬山綱目：「自輝河西北走，爲錫伯山，又西北經呼倫貝爾，又西抵呼倫池」。所載方位，與內府輿圖及一統輿圖同。河氏（秋濤）既以錫伯族爲鮮卑族，則錫伯山自鮮卑山。黑龍江境內之錫伯人，即發祥於鮮卑山也。興安嶺所自興安領，南至熱河省，凡綿互滿蒙間之內興安嶺，索岳爾齊山，蘇克斜魯山，以及松嶺諸山，皆鮮卑人所居之地，皆可稱鮮卑山。鮮卑所居爲山國之地。（註一一）

二、南鮮卑山

南鮮卑山：遼史拾遺卷十三引隋圖經：「鮮卑山，在柳城縣東南二百里」。通典邊防典，所載輿圖經同。按隋之柳城，即慕容皝之龍城，亦漢時之柳城。大清一統志：今熱河朝陽縣，即漢之柳城，其東南二百里之鮮卑山，疑即今之松嶺。（註一二）正是鮮卑族牧地之南境。

三、西鮮卑山

西鮮卑山：後漢書鮮卑傳，鮮卑者，東胡之別支，依鮮卑山，杜佑通典柳城有鮮卑山，在縣東南二百里棘（僰）人城之東，塞外亦有鮮卑山，在遼西之一百里未詳孰是：欽定熱河志卷六十八：

按通典于鮮卑山二說並存。太平寰宇記諸書仍其說。（註一三）

大清一統志：

鮮卑於季春月大會於饒樂水上，（註：水在今營州北）。遼史地理志：中京大定府，當饒樂水之南，温渝水之北。故大定府在喀喇沁右翼南百里老哈河，則古鮮卑山相當，相去不遠。（註一四）

讀史方輿紀要卷十八：「舊志，柳城東二百里有鮮卑山，又棘（僰）人城東塞外，亦有鮮卑山，東胡因以爲號，或曰鮮卑山，即青山也。」（註一五）

蒙古遊牧記卷一：「（科爾沁右翼中旗塔勒布拉克註），七十里接左翼中旗界，旗西三十里有鮮卑山，土人名蒙格」。（註一六）

東北輿地釋略卷三：「長白山脈來自綏遠城北之大青山即陰山……自大青山東出至多倫諾爾東北入巴林旗界至外興安嶺。」（註一七）

五原聽志山川條：「陰山一名大青山起河套北，烏拉特旂之西境，北走爲喀卜特兒山……東向與興安嶺相連續。（註一八）

鐵嶺縣志卷上：「大青山位鐵嶺城東南四十里」（註一九）

東北邊防輯要卷下：「興安嶺亦曰新安嶺有內外二嶺，內興安嶺盤旋黑龍江省境內數千里，襟帶三江左右（松花、黑龍、嫩江）。外興安嶺則北徼分界之山實吉林、黑龍二省，外障所繫于邊防甚鉅。一統志：大興安嶺在敖（斡）嫩（難）河，小肯特山東，東抵黑龍江口，與天山相等，天山隨地異名。興安嶺別名，惟職方外紀有東金山，自鄂嫩河肯特山分枝，東北行連鋒至俄境」。（註二〇）

清史卷五八：「外興安嶺爲崑崙北出大幹。爲葱嶺、天山、阿爾泰山、壑特山、外興安嶺。崑崙山南幹爲涼州南山、賀蘭山、陰山、內興安嶺」。（註二一）因之大青山，可稱南鮮卑山。

北鮮卑山：魏書帝紀：「黃帝有子廿五人，……昌意少子受封北土，國有大鮮卑山，因以爲號。……積六十七世成帝……昌宣帝南遷大澤，方千餘里，壄冥沮洳」。（註二二）

四、北鮮卑山

丁謙漢書匈奴傳考證：「大鮮卑山在俄屬伊爾古斯科北，通古斯河南，今稱其地爲悉比里亞，悉比即鮮卑轉音，以地皆此種人所居。故泰西人種學家以鮮卑人爲通古斯種（一作唐古希）通古斯河南即大鮮卑山之所在。一以河南爲目標，一以山爲目標，中西所考，若合符節，大澤千餘里，即古之北海，今之拜喀勒湖（即今貝加爾湖）」（註二三）

大鮮卑山以方位走，可稱爲北鮮卑山，由東南西北四鮮卑山考之，約爲鮮卑族游牧之區域。

第三目　以瑞獸得名說

以瑞獸爲號：鮮卑來之瑞獸義，史記匈奴列傳：

黃金胥紕註：「徐廣曰或作犀毗。索隱曰漢書作犀毗，此作胥者，胥犀聲相近或誤。張晏云：

鮮卑郭落帶瑞獸名也，東胡好服之。戰國策云：趙武靈王賜紹具帶黃金師比。延篤云：胡革帶也。則此帶鉤亦名師比，則胥犀與師並近，而說各異耳。班固賓憲牋云賜犀比金頭帶是也。」（註二四）

漢書匈奴傳云：

黃金犀毗註：「孟康曰要（腰）中大帶也。張晏曰鮮卑郭洛帶瑞獸名也，東胡好服之。師古曰：犀毗胡帶之鉤也，亦曰鮮卑，亦謂師比，總一物也，語有輕重耳。（註二五）

王國維撰胡服考：

古大帶革帶皆無飾，有飾者胡帶。後世以其飾名之，或謂之校飾革帶（吳志諸葛恪傳），或謂鞍飾革帶（御覽引吳錄），或謂之金環鏤帶（同引鄴中記），或謂之金梁絡帶（金樓子），或謂之起梁帶（新舊書輿服志）凡此皆漢名。胡名則謂之郭洛帶。高誘淮南主術訓註，私鈚頭郭洛帶係銚鏑也。魚豢魏略謂之廊落帶。（御覽引）吳志諸葛恪傳謂之鉤絡帶，宋書禮志袴褶服之絡帶，即郭洛鉤帶之省也。黃金師比者。具帶之鉤，亦胡名。楚辭大招作鮮卑，王逸注：鮮卑、緄帶頭也。史記匈奴傳作胥紕，漢書作犀比，高誘淮南注作私鈚頭，皆鮮卑一語之轉。延篤所謂胡革帶鉤是也。（註二六）

胥紕即鮮卑，爲胡人帶鉤，或云瑞獸名。

白鳥庫吉著：東胡民族考：「而鮮之古音必爲Sai，鮮卑。胥紕、犀比、師比、私紕均可音Saipi

，或Sapi也。考滿州語：祥、瑞、吉兆、靈翼之天象，滿人讀如Sadi，則鮮卑爲Sadi之對譯。由此可知張晏譯鮮卑郭洛帶爲瑞獸，決非杜撰。又滿洲語：麒讀如Saditun 麟讀如Saditu，皆瑞獸也，即所謂麒麟瑞獸也」。（註二七）

麒麟瑞獸到底爲何獸，出之何處：見白鳥庫吉著：東胡民族考：唐韻正卷一鮮卑字條：「爾雅釋畜疏引魏時西卑獻千里馬，西卑即鮮卑也。詩有兔斯，音箋云斯白也。今俗語斯白之字作鮮，齊魯之間，聲近斯。尚書大傳，「西方者何鮮方也」，白虎通，洗者鮮也。西本音先，今讀犀，鮮本音犀，今讀仙，洗本音銑，今讀先讀反，三字互誤。今⿱雨鮮字在五支韻，音斯，說文從兩鮮聲」。（註二八）

張穆撰蒙古游牧記十二：「青海在西寧邊外四五百餘里，古名西海曰鮮水海，亦曰仙海，古音讀西如鮮如山，故先零亦謂之西零也。……北魏始名青海，亦名卑羌海。…魏書吐谷渾傳，海內小山（一曰察罕哈達，近西岸，其峰卑小），每冬冰和處，以良牝馬置此山，至來春收之，馬皆有孕，所生得駒，號爲龍種（註二九））」…能四日行千里。（註三〇）

許慎撰說解字篇十上：「騏，馬青驪文……青驪文如綦（青白色）謂白馬」。（註三一）

春秋經傳集解哀公如下：「（哀公）十有四年，西狩獲麟（麟者瑞獸時其明王，出而迂獲，仲尼傷周道之不興，而修中興之教絕筆於獲麟）攜狩獲麟。」（註三二）可能爲獲得入侵之山戎（鮮卑）馬周道衰，而絕筆。

據唐正韻卷一引爾雅釋畜引魏時西卑獻千里馬，西卑，西即西海亦曰鮮海，卑即卑禾羌海，西卑即鮮卑。西卑獻千里馬，西海亦出龍種（即龍馬），能行千里日千里馬（駒）。騏爲馬青驪文如綦謂白馬，白馬稱騏（驪）最爲名貴，稱得起爲瑞獸，爲鮮卑人不可缺少之交通工具。因之東胡人（鮮卑）爲龍愛此瑞獸，則郭洛帶鈎爲馬頭，亦是可能。

第四目　以鮮卑父匈奴母混血兒得名說

鮮卑父匈奴母混血說：胡人謂父爲鮮卑，母爲鐵弗（伐）。

北魏書卷九五：

鐵弗劉虎南單于之苗裔，左賢王去卑之孫，北部帥劉猛之從子。居于新興慮虒之北。北（胡）人謂胡父爲鮮卑，母爲弗（伐），因以爲號。（註三三）（北史卷九三引同）

朔方道志卷三：

接赫連之先有劉虎者，漢時匈奴南單于之苗裔也，匈奴劉猛死，虎代領其衆，居新興，號鐵弗氏。胡人謂父爲鮮卑，母爲鐵弗，因以鐵弗爲姓氏。（註三四）

魏志鮮卑傳裴松之引王沈魏書：

烏丸校尉耿曄將衆擊…匈奴，北單于遁逃後，餘種十餘萬落詣東襟處，皆自號鮮卑兵。（註三五）

後漢書鮮卑傳：

和帝永元中大將軍竇憲遺右校尉耿夔擊破匈奴，北單于逃走，鮮卑因此轉徙據其地。匈奴餘種

留者有十餘萬落，皆自號鮮卑，鮮卑由此而盛。（註三六）

鮮卑後起於烏桓，其最大特點爲融合，故有鮮卑父匈奴母。匈奴被耿夔擊潰，其餘種留有十餘萬（每落五口計，約五十萬口），皆自號鮮卑，鮮卑由此而盛。因之鮮卑父匈奴母，產生許多混血兒。

第二節　早期鮮卑英雄人物舉例

第一目　鮮卑盛時之檀石槐

鮮卑最盛時爲檀石槐見三國志魏志注引魚豢：魏略：

（鮮卑）投鹿侯從匈奴軍三年，其妻在家有子，投鹿侯歸怪欲殺之。妻言：嘗晝行，聞雷震，仰天視而雹入其口，因吞之，遂妊身十月，而產此子，必有奇異，且長之，投鹿侯固不信，乃語家令收養焉號檀石槐（約自一五五—一八〇），長大勇健智略備，年十四五歲所向無前，由是諸部落畏服，施法禁（平後漢書鮮卑傳）曲直，莫敢犯者，遂推以爲大人。檀石槐既立，乃爲庭於高柳北三百餘里彈汗山啜仇水上（今察哈爾張北附近），東西部大人皆歸焉。兵馬甚盛。南抄漢邊，北拒丁令，東卻夫餘，西拒烏孫，盡匈奴故地，東西萬二（四後漢書鮮卑傳）千餘里，南北七千餘里。罔羅山川水澤鹽池甚廣，漢患之。……自分其地爲三部，從右北平以東至遼東接夫餘濊貊二十餘邑爲東部，其大人曰彌加、厥機、素利、「槐頭」，從右北平以西至上谷爲中部十餘邑其大人曰柯最、闕居、「慕容」等爲大帥。從上谷以西至燉煌西接烏孫爲西部二十餘邑其大人曰置鞬、「落羅」、「曰律」、「推寅」，宴荔游等皆爲大帥，而制屬於檀石槐。……檀石槐年四十五死」。（註三七）

鮮卑大人檀石槐北拒丁令，東卻夫餘，西拒烏孫，盡有匈奴故地，其與丁令、夫餘、烏孫雖處于對立局面；然種族定有融合，尤以盡得匈奴故地，與匈奴族融合更甚。其中部大人中有慕容氏，即燕之先，慕容爲鮮卑族。「鮮卑山在科爾沁右翼西三十里，土人呼蒙格」。（註三八）鮮卑族爲融合之民族爲共（他）稱，鮮卑土人呼蒙格爲自稱蒙格恐即慕容一音之轉。西部大人中有曰（耶）律，推寅，曰律恐即耶律之異譯。推寅氏爲魏之先世推寅氏之證。宇文氏之來源見通典邊防十二：

宇文莫槐出於遼東塞外代爲東部大人（晉史謂之鮮卑後，魏史云其先匈奴南單于之遠屬），又按後周書之出自炎帝子孫逃漠北，鮮卑以爲主，今考諸家所說其爲鮮卑之別部。（註三九）

宇文氏綜諸家之說，爲鮮卑之別部，按爲鮮卑父匈奴母之混血兒，塞北民族爲父系社會，因之宇文氏應鮮卑種。檀石槐世系如左：

（1）檀石槐—和連—（3）騫曼（註四〇）

扶羅韓

（4）魁頭

（5）步度根

鮮卑之遺族，在中國東部爲錫伯族，在西部爲契蔽（苾）族。錫與契即鮮之異譯，而伯爲卑與蔽（苾）之正確譯音，伯亦僰人（慕容）拓跋之跋之譯音亦薩曼教之阿保（伯）之神台，保即神之堡。

第二目　小種鮮卑種爲契丹先祖之軻比能

軻比能繼檀石槐爲鮮卑復興之英雄，猶如一棵殞星，曇花一現，三國志軻比能傳：

> 軻比能本小整種鮮卑，以勇健斷法平端，不貪財物，衆推以爲大人，部落近塞。自袁紹據河北，中國人多亡叛歸之，教作兵器鎧楯，頗學文字，故其勤御部衆，擬則中國，出入弋獵，建立旌麾，以鼓節爲進退。（註四一）

軻比能爲小種鮮卑，爲小數部衆。部落近塞，河北中國人多亡叛歸之，因之屬於檀石槐軍事聯盟之中部大人。「馮氏已言及」（註四二）

檀石槐後代軍事聯盟霸權爲世襲，見三國志魏志鮮卑傳：

> 檀石槐年四十五死，子和連代立，和連材力不及父而貪淫，斷法不平，衆叛者半，和連死，其子騫曼小，兄子魁頭代王，魁頭既立，後騫曼長大，與魁頭爭國，衆遂離散，魁頭死，弟步度根代立，自檀石槐死後，諸大人遂世相襲也。（註四三）

檀石槐孫騫曼與魁頭大人爭國，衆遂離散，給軻比能以崛起之機會，魁頭死，弟代步根立，自檀石槐死後，諸大人遂世相襲也，不再舉行部落之世選制。

步度根既立，衆稍衰弱中，兄扶羅韓亦別擁衆數萬爲大人。建安中太祖定幽州，步度根與軻比能等因烏丸校尉閻柔上貢獻，後代郡烏丸能臣氏等叛求屬扶羅韓，扶羅韓將萬騎迅之到，桑乾氏等議，以爲扶羅韓部威禁寬緩，恐不見濟。更遣人呼軻比能，比能即將萬餘騎到，當共盟誓，比能便於會上殺扶羅韓，扶羅韓子泄歸泥及部衆悉屬比能，比能以殺歸泥父，特又善遇之。步度根由是怨比能。文帝踐祚，田豫爲烏丸校尉，持節并護鮮卑，屯昌平，步度根遣使獻馬，帝拜爲王。後數與軻比能更相攻擊，步度根部衆稍寡弱，將其衆萬餘落保太原雁門郡……歸泥叛比能……居并州如故，步度根爲比能所殺。（註四四）

步度根綏立與兄扶羅韓爭立，故衆衰微，步度根與軻比能爭相貢獻烏丸校尉閻柔，故代郡烏丸叛歸軻比能，軻部中入與烏丸通婚，爲種族之混合。

東部鮮卑大人素利及步根與比能爭鬥，更相攻擊，黃初五年比能復擊素利。與素利有仇。（殺步度根）衆遂疆盛，控弦十餘萬騎。（魏明帝青龍三年，西元二三五年）幽州刺史王雄遣勇士韓龍刺殺比能，更立其弟素利彌加厥機。（註四五）

東部鮮卑大人素利死於魏明壁太和二年，以子小，以弟成律歸爲王，代攝其衆，而一代之雄軻比能被刺死於太和三年亦立其弟素利彌加厥機。

小種鮮卑軻比能其族系究何屬見遼史世表：

青龍中（西元二三三—二三六年）部長比能稍桀驁爲幽州刺史王雄（青龍三年，二三五年）所害，散徒潢水之南，黃龍之北。（註四六）

見通鑑卷一一四晉安帝義熙元年（西元四〇五年）：

十二月，燕王熙襲契丹。胡三省注：「契丹本東胡種，其先爲匈奴所破，保鮮卑山，魏青龍中（西元二三三—二三六年）部酋軻比能桀驁，爲幽州刺史王雄所殺，部衆遂微，逃潢水之南黃龍之北，後自號曰契丹，種類繁盛」。（註四七）

盧弼三國志集解：「趙一清曰：據晉書，軻比能之後，即契丹」。按此條未敢定其眞實性，引以備考。

小鮮卑酋軻比能於青龍中爲幽州王雄遣力士韓龍刺死，其衆散徙於潢水之南，黃龍之北，其於後自號契丹，契古音讀楔與鮮卑之鮮同音，丹爲地方，即爲鮮卑人所有之牧地，故契丹是小鮮卑之雖衰微散徙於潢水之南，黃龍之北，仍保其鮮卑之名義，故後自號契丹。

第三節　鮮卑族系

鮮卑於三世紀前期爲部落聯盟，時期如前有檀石槐，後爲軻比能。三世紀後期爲慕容氏，拓拔氏與宇文氏，茲將三氏族之源流，遷徙和融合經過，加以探討。（註四八）

第一目　慕容氏

一、慕容氏起於晉武帝平吳前，即匈奴冒頓破東胡山戎之時。（註四九）於漢桓帝時（一四七－一六七）「檀石槐推以爲大人，乃爲庭於高柳北三百餘里彈汗啜仇水上（今察哈爾張北附近），東西部大人歸焉……其中部大人有慕容部」。（註五〇）慕容部係鮮卑種，故慕容之名亦必鮮卑語之漢譯無疑，然古來皆以慕容爲漢語而解釋之。（註五一）茲有三種解說分述如左：

一、慕容氏得名於步搖冠說

慕容氏得名於步搖冠：晉書載記十八：

（慕容氏）曾祖莫護跋，魏初率其諸部入居遼西，從宣帝伐公孫氏有功，拜率義王，始建國於棘城之北，時燕代多冠「步搖冠」莫護跋見而好之，乃斂髮襲冠，諸部因呼之爲「步搖」，其後音訛，遂爲慕容。（註五二）

通鑑卷八一晉紀三武帝太康二年（二八一）：

余謂步搖之說誕，或云之說，慕容氏既得中國，其臣從而爲之辭。（註五三）

晉書載記與通鑑卷八一均云：慕容爲步搖之訛，得之於中國。

二、慕容得名於慕二儀之德繼三光之容說

慕二儀之德，繼三光之容：晉書載記十八：

或云慕二儀之德，繼三光之容，遂以爲慕容氏。（註五四）

幕二儀之德，繼三光之容，遂以爲慕容氏，亦爲源于中國之風，恐不可靠。

陳毅魏書官氏梳證：「莫輿氏後改爲輿氏」條云：

毅曰，莫當爲慕，聲之誤也，通志略五，分「莫輿」慕輿爲二氏非。晉書慕容儁載記有領軍慕輿根、慕暐拔，又有慕輿護。通志略稱前燕有將軍慕容虎。通鑑晉紀成帝咸和九年，「城大慕輿」史炤釋文云慕輿代北複姓，本慕容氏，音訛爲慕輿。胡三省辯誤云：埿爲慕容戭臣，豈有姓慕容，臣訛慕輿之理，予謂慕容慕輿同出鮮卑，其初各自爲氏，猶拓拔之與拔拔，非音訛也。案，胡說非是。姓纂十一暮，通志略五並云：「慕容音訛爲慕輿」。晉載記慕輿根，御覽七百四十四引燕書正作慕容根。容之轉輿，猶愉之翻爲喁。蓋氏出遼西，本爲慕容，時其支裔有遷代北者，因隨其方音慕輿，後遂成二氏。

就上所述，慕容起於慕二儀之德，繼三光之容之說，其由臣下所附會而爲之辭者，固不待論。慕容既與慕輿同名，誠如陳毅所考，則慕容輿之爲同一鮮卑語之異譯亦甚明瞭。又慕輿亦作莫輿（陳毅之說）扮魏書北史等於蒙古語之Bagatur 譯作莫賀咄，唐書於突厥語之Baga 譯爲莫賀，此例之，則慕容莫輿之慕或莫，其原音當爲Ba可知。又步搖冠之說雖係附會之辭，其附會之由則步搖與慕容音近致訛步搖音當Pa-yu或Po-yu，是亦慕容二字之原音當讀Ba-yung 甚明。（註五五）慕即是棘。

三、慕容氏即奕洛氏說

慕容氏即奕洛：見晉書載記八：

慕容廆字奕洛瓌，昌黎棘（棘）城鮮卑人，其先有熊之苗裔，世居北夷，邑於紫蒙之野，號曰東胡，其後與匈奴並盛，控弦之士二十餘萬，風俗官號與匈奴略同。秦漢之際，爲匈奴所敗，分保鮮卑山，因以爲號，曾祖莫護跋，魏初率其諸部入居遼西。(註五六)

慕容廆字奕洛瓌，慕容亦奕洛，其先有熊氏即黃帝，其義尚黃，居於遼西潢水，族系屬東胡鮮卑族，風俗官號與匈奴略同，因住地近故，曾祖莫護跋，按「魏書北史於蒙古語 Bagatur 譯莫賀咄，唐書於突厥之Baga 亦譯爲莫賀」。故莫賀疑即莫護，莫護疑即慕容。

又宋書鮮卑吐谷渾傳：

阿柴虜吐谷渾，遼東鮮卑也。父奕洛韓，有二子，長曰吐谷渾少曰若（奕）洛廆。若洛別爲慕容氏。渾庶長，廆正嫡。父在時，分七百戶與吐谷渾，渾與廆二部俱牧馬，馬鬥相傷。廆怒遣信謂渾曰先公處分與兄異部，牧馬何不相遠，而致鬥爭相商。(註五七)

此文證之慕容儁父奕洛韓，已亦稱若（奕）廆。及爲慕容氏之族長，乃專稱慕容廆。而若洛廆之名疑作樂水之異譯，與若洛瓌，梟羅箇之聲甚相酷似。或亦蒙古語微黃之義。(註五八)

作樂水，三國志魏志鮮卑傳引王沈：魏書記鮮卑其牧域：

鮮卑亦東胡之餘也，別保鮮卑山因號焉，其言語習俗與烏丸（桓）同，其地東接「遼水」。（註五九）西當「西域」。(註六〇)常以季春，大會作樂水上，嫁女娶婦，髡頭飲宴。其獸異於中國者「野馬」。(註六一)羱羊、端牛，端牛角爲弓，世謂之角端者也，又有貂豽鼲子皮毛柔蠕，故天下以爲名裘。(註六二)

作樂水亦稱饒樂水，後漢書鮮卑傳：

鮮卑者亦東胡之支也，別依鮮卑山，故因號焉。其言語習俗與烏桓同，唯婚姻先髡頭，以季春月大會於饒樂水上（水在今營州北），飲讌畢然後配合。又禽獸異於中國者，野馬、原羊、角端牛，以角爲弓，俗謂之角端弓者。（郭璞注爾雅曰原羊似英羊而角大，出西方，前（漢）書音義曰角端似牛角，可爲（弓）。又有貂豽鼲子皮柔蠕，（豽音女滑反，鼲音胡昆反，貂鼲並鼠屬。豽猴屬也）。故天下以爲名裘。（註六三）

魏書稱作樂水，而後漢書作饒樂水，在鮮卑領內營州之北，故作樂水亦稱饒樂水，其水相當今日之何水（鮮卑有角端弓，出貂鼠名裘），很難斷言：讀史方輿紀要卷十八直隸九：

饒樂河在衛北（大寧），源亦出馬盂山（土河源出馬盂山故），其下流東北入于潢河。志云魏武北征烏桓之後，庫莫奚建牙于此，晉大寧三年，石勒遣宇文乞得歸侵慕容廆，廆遣世子皝等人破之。澆水即饒樂水矣，亦曰弱洛水。太元十二年拓跋珪破庫莫奚于弱洛水南，又謂之澆落水。隆安二年，時慕容寶還都龍城，議襲庫莫奚，北度澆落水不果。皆此水也。遼志庫莫奚爲慕容皝所破，徒居松漠間，既復營于饒樂水南，温榆河北。唐因置饒樂都督府，亦謂之黃河，以其下流入于潢水也。北邊事實，黃河離薊門邊約千三百里，水不甚深廣，俗多駐牧于此，亦曰北黃河，譯名哈剌母林，或謂之烏龍江。舊志，大寧在烏龍江南，漁陽塞北，即饒水矣。

（註六四）

饒樂河亦源出馬盂山，其下流東北流入潢河。北魏武帝北征烏桓之後，庫莫奚建牙于北，宇文乞得歸據澆水拒䂮等人破之。文義烏桓後即庫莫奚，宇文氏與烏桓及庫莫悉有關係，其河謂之烏龍江，或亦與烏桓之名有關。饒樂水是否即潢水見熱河志卷七十：

按饒樂水，魏書作弱洛水，十六國春秋作澆洛水，通典又作落環水，稱名雖有稍異，實一水也。

一統志，原本以饒洛水今潢河（在英金河之北詳見後）之別名。考漢書注，但稱饒樂水在營州北，而不詳其里至，然隋唐諸史皆以潢水爲契丹所居，而饒樂水別爲奚地。魏書太祖紀，十六國春秋言因征庫庫奚而渡此水。通典亦謂奚在饒樂水北，則饒樂水之爲奚所居無疑矣。唐書、奚契丹傳、凡契丹酋長內附者，皆封松漠都督，以平地松林在其國也；奚酋長內附者封饒樂都督，以饒在其國也。契丹，富弼行程錄，自中京北二百六十里，至崇信館。過崇信館即契丹舊境，其南皆奚地。是奚之疆域不過松陘嶺，不得遠取契丹境內之水爲奚之府名也。且舊唐書於契丹傳曰：「居黃水（即潢水）之南，於奚傳曰，『自營州西北饒樂水至其國』」，兩名分見，知其必非一水。而大寧以北之水源遠流長，無如莫金河者，故知爲古饒樂水也。大寧爲遼中京，云在水之南，則水在中京北境可知。遼史又云，高州有樂州，高州南至中京一百四十里，正當中京之北，與會英金河之在平泉州（即八溝廳）北，方位亦合。若方輿紀要謂饒樂河在大寧北，源亦出馬盂山，其下流入于潢河。今以水道論之，發源馬盂者惟有老哈河，至英金河發

源之處，去馬盂山絶遠，方輿紀腰所稱，蓋未可據也。（註六五）

熱河志之考證，雖比紀要精細，然如饒樂水考定爲英金河，黃河與饒樂河水劃然互別之，則是據紀要之前提加以演繹而得之結論，未有新之結論。一統志原本考定饒樂水爲潢河，未舉出其理由，不爲其所承認。杜佑撰通典卷一百九六鮮卑傳：饒樂水注，「今在柳郡界」（註六六）夫柳城在今朝陽附近，則饒樂水似距朝陽不遠。然同書卷二百庫莫奚傳曰「饒樂水北，即鮮卑故地（一名如洛環水，蓋饒樂水訛」。「奚部落並在柳城東北二千餘里」。（註六七）則庫莫奚當時之根據地距柳城甚遠，非在朝陽附近也甚明。魏志鮮卑傳之作樂水與後漢書之饒樂水，即今日之西拉穆楞（河）。（註六八）饒樂水即遥輦氏所牧之處，遥輦即移剌，因之移剌亦天之義。（註六九）

慕容雖不是由漢義步搖義來的，然慕容二字之原義當讀Ba-yung甚明。考古來北方氏族之君長，其以Bayan爲號者頗多。如史記匈奴傳：其明年（元朔二年）衛青霍去病復出雲中以西至隴西，擊胡之樓煩白羊王於河南即其一例。此外至元代以來北族君長之稱伯羊（顏）者甚多，尤以元（蒙古）姓伯顏甚夥。（註七〇）

第二目　托跋氏

拓拔氏：拓拔鮮卑和東胡鮮卑，最初起源可能相同，但越至後來，分別越大。主要原因是即由于拓跋鮮卑是由鮮卑與匈奴融合而成，部落融合是拓跋鮮卑之特點之一。拓拔鮮卑之起源和發展歷史看，此族由大興安嶺北段遷到呼倫貝爾大澤之時，鮮卑部落則漸與匈奴部落相混合，我們才可稱之爲拓跋部或者爲拓跋鮮卑。（註七一）拓跋氏之源出可分爲三說，玆分述如下：

一、拓跋氏索虜姓說

拓跋氏索虜姓：宋書卷九五索虜傳：

索頭虜姓拓跋氏，其先漢將李陵後也，陵降匈奴有數百千種，各立名號，索頭亦其一也。（註七二）

南齊書卷五七魏虜傳：

魏虜匈奴種也，姓拓跋氏………是歲（隆昌元年）鈎徒都洛陽，改姓元氏，初匈奴女名拓跋，妻李陵，胡俗以母名爲姓故虜爲李陵之後，虜甚諱之，有言其是後者，輒見殺，至是乃改姓焉。（註七三）

宋書索虜傳與南齊書魏虜傳均認爲李陵與匈奴拓跋氏女結婚，其後代，含有匈奴氏血統，其匈奴女，未見得姓拓跋氏。

二、北俗謂土爲托，謂后爲跋說

魏書卷一序紀：

昔黃帝有子二十五人，或內列諸華，或分諸荒服，昌意少子受封北土，國有大鮮卑山，因以爲號。其後爲君長，統幽都之北，廣漠之野………黃帝以土德王，北俗謂土爲托，謂后爲跋，故以爲氏。………遠近所推，統國三十六，大姓九十九，威振北方，莫不率服，崩。……宣皇帝諱推寅立，南遷大澤，方千餘里，厥昏冥沮洳，謀更南徙，未行而崩。………聖武皇帝諱詰汾，獻帝命南移，山谷高深，九難八阻，於是欲止，有神獸其形似馬，其聲類牛，先行導引，歷年乃出，始居匈奴故地，其遷徙策略，多出宣獻二帝，故人並號推寅，蓋俗之，讚研之義。聖武帝嘗率數萬騎，田於山澤，欻見輜軿，自天而下，既至見美婦人，侍衛甚盛，帝異而問之，對曰，我天女也，受命相偶，遂同寢宿，旦請還曰，明年周時，復會此處，言終而別，及期，授子，善養視之，子孫相承，當世爲帝王，語訖而去，子即始祖也。故時人諺曰：詰汾皇帝無婦家，少微皇帝無舅家。帝崩，始祖神元皇帝諱力微立。元年（庚子），先是西部內侵國民離散，依於沒鹿回部大人竇賓。始祖有雄傑之度，時人莫測，後與賓攻西部，軍敗失馬，步走。始祖使人以所乘駿馬給之，（後歸之）。控弦上馬二十餘萬。三九遷於定襄之盛樂（今綏遠和林格爾），夏四月祭天，諸部君長，皆來助祭，唯白部大人觀望不至，於是徵而戮之，遠近肅然，莫不震懾。（註七四）

魏仿黃帝以土得王，北俗謂土爲托，謂后爲跋，故以爲氏，兩漢崇尚五行之說，至南北朝時，流風未熄：「炎帝以火德王尚紅，黃帝以土德王，尚黃，魏亦尚黃，所謂紅黃。托跋氏如按天地人合一之策，托跋其音義應爲天之義，因宣皇帝諱寅，而宣獻二帝並號推寅，與托跋氏恐同義」。（註七五）

聖武皇帝諱詰汾，恐仍保有烏桓之血統，其神獸似馬聲類牛乃白馬青牛之義。（註七六）聖武皇帝與天女生子繼爲天子，亦即受諸天之義。

三、托跋氏爲托爲天跋爲地說

托爲天跋爲地說：魏書序紀：

北俗謂土爲托，謂后爲跋，故以爲氏。（註七七）

元和姓纂九

賀跋，與北魏同出陰山，代爲酋長，北人謂地爲拔（跋）謂其總有其地，時人相賀，因氏焉。（註七八）

魏書序紀謂北人稱土爲托，后爲跋，而元和姓纂云北人謂地爲跋，顯與魏前者相衝突筆者謂托爲天之音，而跋爲地，較爲合理，故存一說。

魏書序紀一：

匈奴宇文部大人莫槐，爲其下所殺，慕槐弟普撥爲大人，帝以女妻之。

宇文莫廆之子遜昵朝貢，帝嘉其誠款，以長女妻焉。（註七九）

鮮卑魏帝以女妻宇文氏，而匈奴氏之宇文亦與托跋氏通婚是無異。

從托跋鮮卑之起源和發展歷史證，北族由大興安嶺北段遷到呼倫貝爾大澤時，只能稱鮮卑，從大澤西遷，居匈奴故地，鮮卑部落與匈奴部落相混合，兩族通婚，才可稱爲托跋部或者托跋鮮卑。自宣

帝推寅傳至第七代第二獻帝推寅，鮮卑與匈奴完全融合。（註八〇）

第三目　宇文氏

宇文氏應屬何族，歷史有三種不同說法：神農氏後裔說、匈奴南單于遠屬說、鮮卑別部說：

一、神農氏後裔說：

㈠後周書卷一文帝紀：

太祖文皇帝姓宇文諱泰字黑獺，代武川人也。其先出自炎帝神農氏，爲黃帝所滅，子孫居朔野，有葛烏兔者，雄武多算略，鮮卑慕之，奉以爲主，遂總十二部落，世爲大人。其後曰普回，因狩得玉璽三紐有文曰，皇帝璽，普回心異之，以爲天授，其俗謂天曰宇君曰文，因號宇文，國并以爲氏，普四子莫（那）自陰南徙，始居遼西，是曰獻侯，……九世至侯豆歸爲慕容晃所滅。（註八一）

宇文氏出自炎帝（赤帝）神農氏，似與烏桓（烏蘭）有關，因其尚紅，出自天子之子，有葛烏兔者，雄武多算略，鮮卑慕之，奉以爲主。「宇文氏成爲鮮卑上層統治階級，漸同化於西刺木倫之鮮卑族，而稱鮮卑」。（註八二）

㈡元和姓纂上聲九　宇文下：

本遼東南單于之後，有普迴因獵得玉璽，以爲天授。鮮卑俗呼天子爲宇文，因號宇文氏。或云以遠係炎帝神農有嘗草之功，俗呼草爲俟汾，音轉爲宇文。

不言俟汾之所自出。

㈢廣韻上聲九　宇字下：

宇文亦姓，出何氏姓苑。又虜複姓宇文氏，出自炎帝。其後以有嘗草之功，鮮卑呼草爲俟汾，遂號爲俟汾氏，後世通稱宇文，蓋音訛也。

廣韻較元和姓纂所記爲周密。鄧名世之古今姓氏書辨證二三文略同不引。通鑑卷八一晉武帝太康六年紀胡注引何姓苑。

宇文氏出自炎帝，其後以嘗草之功，鮮卑呼草爲俟汾，遂號爲俟汾氏。後世通稱俟汾，蓋音訛也。

「按長城附近蒙古人語草曰ebosu or ebesun；喀爾喀語曰ubusu or ubusun布利亞特（Buryad）語，obuhim，其音正與俟汾，宇文、烏丸爲對音，荀此說不誤，則烏桓原義爲草（烏蘭和烏拉草）「烏蘭草即紅草」（註八三）與炎帝（炎帝）義相同」。（註八四）

㈣北史卷八九高車傳：

高車蓋古赤狄之餘種也。初號爲狄歷，北方以爲高車丁零，其語略與匈奴同，有時小異，或云其先匈奴甥也。……高車之族，又有十二姓，……九曰俟分。（註八五）

高車亦古赤狄之餘種，亦尚紅，其姓九日俟汾，因之宇文氏亦含有丁零之血統，與烏桓可能有血統之關係。

二、匈奴南單于遠屬說

㈠魏書、匈奴宇文莫槐傳：

匈奴宇文莫槐，出遼東塞外。其先南單于之遠屬也。世爲東部大人，其語與鮮卑頗異。（註八六）

㈡魏書四四宇文福傳：

河南洛陽人也，其先南單于之遠屬，世據東部大人，祖活撥仕慕容垂爲唐郡內史。（註八七）

宇文氏其先南單于之遠屬，然世爲東部（鮮卑）大人祖仕慕容垂爲唐郡內史。

三、鮮卑之別部說：

㈠晉書百八慕容廆載記八：

廆立之初，涉歸有憾于宇文鮮卑，廆將修先君之怨，表請討之。（註八八）

㈡通鑑卷八二晉武帝太康十年（二八九）：

時鮮卑宇文氏，段氏方強，數侵掠廆。（杜佑曰宇文莫槐出於遼東塞外，代爲鮮卑東部大人）。（註八九）（通鑑八四晉惠帝太安元年紀同）

㈢遼史六三世表：

鮮卑葛烏兔之後曰普回……九世爲慕容晃所滅，鮮卑衆散爲宇文氏，或爲庫莫悉，或爲契丹。（註九〇）

㈣通典卷一九六邊防十二：

宇文莫槐出於遼東塞外，代爲東部大人。晉史謂之鮮卑，後魏書其先匈奴南單于之遠屬，又按後周書出自炎帝，子孫逃漠北，鮮卑奉以爲主，今考諸家所說，其爲鮮卑之別部。（註九一）

宇文氏與烏桓氏近，因其均尚紅，丁零爲赤狄，亦尚紅，宇文氏含有烏丸、丁零、鮮卑氏血統，爲一混血兒之種。

第四目　托跋鮮卑八部之融合

拓跋鮮卑軍事聯盟：拓跋鮮卑始居東北角新安嶺（鮮卑山），史稱統國三十六，大姓九十九，爲初期之八部落聯盟：魏書百十三官氏志：

安帝統國諸部九十九姓，至獻帝時，七分國人，使諸兄弟各攝領之，乃分其氏。自後兼并他國，各有本部，部中別族爲內姓焉。年世稍久，互以改易，興衰存滅間有之矣。今舉其可知者：獻帝以兄爲紇骨氏，後改爲胡氏。次兄爲普氏，後改爲周氏。次兄爲拓跋氏，後改爲長孫

氏。弟爲達悉氏，後改悉氏。次弟爲伊婁氏，後改爲伊氏。次弟爲俟氏，後改爲亥氏。七族之與自此始也……百世不通婚。（註九二）

安帝時統國諸都三十六只有八部（國）九十九姓。獻帝推寅氏與次兄托拔氏最顯，次弟爲伊婁氏是否爲後世之契丹耶律氏（伊婁氏），頗堪注意。

一、八部之意義

至於八部之意義，魏書百十三官氏志：

（魏道武帝）天興元年（西元三八九年）（徙都平城，稱皇帝）十二月置八部大夫，散騎、常侍、待詔管官，其八部大夫於皇城四方西維，面置一人，以擬八座謂之八國。常侍待詔直左右入王命。二年三月分尚書三十六曹及諸外署，凡置三百六十曹，令大夫主之，各有屬官。（註九三）

魏道武帝天興元年十二月置大夫於皇城之四方四維，四方爲東南西北，四維爲東南、東北、西南、西北，謂之八方，亦象徵八部來自四面八方。其爲重要官屬已確立。

魏書百十三官氏志：

（魏明元帝）神瑞元年（西元四一四年）春置八大人官，大人下置三屬官，總理萬機，故世號八公。（註九五）八部大人之制，從此確立。

二、八部之源流

其八部是源遠流長，西域圖考：
西域圖考：今波斯國北八部恐即周穆王時之蔥嶺八帕中一帕之地。（註九五）後漢書卷八九南匈奴傳：
（光武建武）二十四年春八部大人共議立比爲呼韓邪單于，以其大父嘗依漢得安故，欲錫其位，於是款五原塞，願永爲蕃蔽扞禦北虜，帝用五官中郎將耿國議乃許之。（註九六）
八部起自周穆王時蔥嶺八帕（八部），源於匈奴八部，因鮮卑與匈奴融合才稱托拔鮮卑，故托拔鮮卑之八部制可能傳之於匈奴。

北魏八部大人（公、座）亦源遠流長：魏書百十三官氏志：
（後魏明元帝）神瑞元年（西元四一四年）春八大人官，大人下置三屬官，總理萬機，故世號八公。（註九七）

魏書廿五長孫崇傳：
太宗即位與山陽侯悉斤，北新侯安同，白馬侯崔鈞等八人，坐止車門右，聽理萬機，故世號八公。（註九八）

魏書卷二十一上北海王詳傳上：
（詳）除太傅領司徒侍中錄尚書事如故，詳固辭，詔遣敦勸乃受，詳與八座奏曰……（註九九）（魏書二四崔玄佰：任城王澄傳同）

八座之名稱在東漢時固已有之，但與托拔氏魏初期的官制不同。東漢以六曹并令僕稱爲八座。曹魏以五曹尚書、二僕射、一令爲八座。（註一〇〇）晉代的官制不言「八座」維晉書載記：記慕容熙之愛妃符氏死后，熙強迫公卿以下至于百姓皆出營墓：「下錮三泉，周輪樹里，內則圖畫尚書八座之像」。此墓裡壁畫上之尚書八座當取法乎漢魏造墓遺俗。因之魏之八座（大人）似比擬漢魏尚書八座之義。（註一〇一）然與八部大人與八部帥是有別的。後由八部大人變爲八部大人才爲魏之正式官制。八部大人制度支配北魏政治體制很久，直至魏孝文帝太和十九年（西元四九五年）制定姓族以後，托拔氏之八部大人制之殘餘勢力，才告全部消滅。（註一〇二）八國八座之制，在北魏初年實行不久，就覺得有些矛盾。主要原因由于多年以游牧爲生之八部大人之合議制，而今行一君八屬之漢人之制。鮮卑人雖源居八座之列。但對于建國的典章文物制度甚少瞭解，反之降吏漢臣，如歷苻秦、翟魏、后燕三國政客之崔鈞（玄伯）擢吏部尚書，見魏書卷二四崔玄伯傳：

> （崔玄伯）遷吏部尚書，命有司制官爵，撰朝儀，協音樂，定律令，申科禁，玄佰總而裁之，以爲永式。及置八部大夫，以擬八座。玄伯通署三十六曹，如令僕統事，深爲太祖所任，勢傾朝廷，而檢約自居，不營產業，家徒四壁，出無車乘，（註一〇三）

北魏實際代行其政者爲漢人之崔鈞（玄伯），遠如祖籍波斯而流寓遼東之安同，其雖出身商賈，然他熟習草原和漢人政治情況，當他作官以後，在內政和外交方面，爲托拔珪立了許多功勞。（註一〇四）因他倆不是鮮卑貴族，則不能參加「八國八座」，但在明元帝以后，則可以參加，因之從此由部落政治進而爲國家政治。魏書官氏志：

（明元帝）神瑞元年春，置八大人官。大人下置三屬官，總理萬機，故世號八公云。（註一〇五）

從此才把漢人崔鈞，西域人安同列入八公之中，魏書長孫嵩傳：

太宗即位：（長孫嵩）與山陽侯奚斤，北新侯安同，白馬侯崔鈞等八人「坐止車門右」。（註一〇六）聽理萬機，故世號八公。（註一〇七）

八公人物據長孫嵩傳可考者僅有四人，則左丞相奚斤、司徒長孫嵩、安遠將軍安同、侍中崔鈞。司馬光在通鑑卷一一五晉紀三七內多增加一公，即右丞相托拔屈。温公此論當據北史元屈傳，屈行右丞相，奚斤行左丞相事，推澤而出，自屬可信，其它三人頗難考定。（註一〇八）八公名稱始自晉代，晉前僅稱三公。晉官制，除繼承曹魏之太尉、司徒、司空爲三公之外，加上太宰、太傅、太保、大司馬、大將軍五公，總稱八公。（註一〇九）托拔魏之八公名顯然是模仿晉太官制而來，表面爲八公，實際仍爲八大人官，泯除八部之稱。八部大人官制被打破，其官階名額何必限于八之數目，因之過了三年至長泰二年（西元四一七年），官額亦不限八員，魏書官氏志：

泰常二年夏，置六部大人官。有天部、地部、東西南北部，皆以諸公爲之大人，置三屬官。（註一一〇）

北魏之天部、地部當取法周官之天官冢宰與地官司徒之義，魏書崔鈞傳：鈞于平并州稽胡起義之后，拜天部大人，可能即在泰長二年。當時地部大人司徒爲長孫嵩，見北史本傳。此外東西南北四部中，南部大人與北部大人之官成立最早。官氏志：「什翼犍建國二年（西元三三九年）分爲南北部，復置二部大人以統攝之。時帝弟觚監北部，子實君監南部，分民而治，若古之二伯焉。」東西部大人可考者，尉古眞傳附弟諾傳：「太祖時除（諾）平東將軍，賜爵安樂子，…拜北部大人。」從方位言，似東部大人。劉詰傳：「結典東部事。」古弼傳：「太宗令弼典西部，與劉詰等分綰機要，敷奏百揆。」此二人爲拓跋嗣時之東西部大人無疑。四部大人制度爲統治階級需要，所以到太武帝拓跋燾時仍存而不廢，并在每一方增置一人，魏書：尉古眞傳附侄春傳：

世祖（托拔燾）即位，命春與散騎常侍劉庫仁等八人分典四部，綰奏機要。（註一一）

此四部即指東西南北部無疑。北魏原來之八部大人制，經改爲八大人，改後六大人。舊曰八部八國之姓族因素，是越往后越少。直到太和十九年（西元四九五年），元鈞制定姓族，方把部落聯盟制一掃而空，代之而起的是一種純粹之封建制度。

三、八部之融合

雖孝文帝元鈞在太和十九年制定姓族詔內，然又提出勛臣八姓問題：詔曰：

（孝文帝）太和十九年詔曰：代人諸胄先無姓族，雖功賢之胤，混然未分，故官達者，其功衰之親，仍居猥任，欲制定姓族事多未就，且宜甄擢隨時漸銓，其穆、陸、賀、劉、樓、于、嵇、尉八姓皆太祖已降，勳著當世，位盡王公，灼然可知者。且下司州吏部勿充猥官，一同四

姓。(註一一二)

托跋珪以下之穆、陸、賀、劉、樓、于、嵇、尉八姓，皆內入諸姓中之封王公者，故稱「勛臣八姓」。此八姓與八部八國之八姓不同。其用意一面勛臣八姓與漢人郡四大姓(范陽盧氏、清河崔氏、滎陽鄭氏與太原王氏)相對稱，另面勛臣八姓象徵者八部八姓，然而含有新姓族之義。舊制各部大人多以部落之名爲姓，部落之部民又以大人之姓氏爲姓，而今是以勳勞爲品評之標準。

魏孝文帝於遷都洛陽後改官制，禁胡之語，改漢姓，行漢化政策，加強對漢人之統治，同時亦提高鮮卑人文化，行漢鮮人之大融合。但北魏分裂成東西魏，而東魏之高歡(渤海人)與西魏統治者之宇文均反對漢鮮融合，主張漢鮮分治，擬以六鎮之鮮卑兵統治漢人。中以宇文泰爲甚，恢復八部大人統治，改單姓爲複姓，漢族將領以鮮卑姓(如楊忠改賜六茹氏，李虎賜姓大野氏，李弼改賜徒何，趙貴改賜乙弗氏，王雄改賜可頻氏)，恢復鮮卑語，以諸將功高者爲三十六國，次功者爲九十九姓。(註一一三)者種反動情勢，以至隋唐時。

四、八軍府兵制與八柱國

北魏八部有部族兵因之演變成爲府兵制，魏書卷五八楊椿傳：

自太祖平中山，多置軍府，以相威攝，凡有八軍，軍各配兵五千，食祿主帥軍各四十六人。自中原稍定，八軍之兵漸割(減)，南戍一軍統兵千餘，然主帥如故，費祿不少，椿表罷四軍，減其帥百八四人。(註一一四)

八軍之帥，不但統軍，且部民：魏書卷二太祖紀：

魏太祖天賜三年（四六六）六月發八部五百里內男丁築灅南宮門闕，高十餘丈，引溝穿池。規立外城，方二十里。分置市里，經深洞達，三十日罷。（註一一五）

這種八軍府軍之帥漸演變成爲西魏八柱國制亦理政統軍，茲略述八柱國與八部大人淵源之關係。柱國或上柱國之官秩始于戰國時之楚國。（註一一六）北魏初，太武帝以長孫嵩爲柱國大將軍。（註一一七）北魏末年又以此秩授予爾朱榮。（註一一八）西魏大統十六年（西元五五〇年）以前有軍功者共八人，稱爲八柱國。（註一一九）此爲八註國之起源。關于八柱國和八部大人之關係，陳寅恪氏隋唐制度淵源略論稿章六：

宇文泰當日所憑借之人材地利遠在高歡之下，若與高氏抗爭，則惟有于隨順此鮮卑反動潮流（指塞上鮮卑族對于魏孝文帝所代表的北魏漢化政策之反動潮流）大勢之下，別采取一系統之漢族文化，以籠絡其部之漢族，而是種漢化又有以異于高氏治洛陽，鄴都及蕭氏治下建康，江陵承襲之漢魏晉之二系統，此宇文泰所以使蘇綽、盧辯之徒以「周官」之文比附其鮮卑部落舊制，資其野心利用之理由也。茍明此乎，則知宇文泰最初之創制，實以鮮卑舊俗爲依歸；其有異于鮮卑之制，而適符于「周官」之文者，乃黑瀨別有利用之處，特取「周官」爲緣飾之目耳。八柱國者，摹擬鮮卑舊時八國即八部之制者也。……宇文泰八柱國之制以廣陵王元欣列入其中之一，即擬拓跋鄰即所謂獻帝本支自領一部之意，蓋可知也。據「周書」二文帝紀下，「

北史」九「周本紀」上，西魏恭帝元年及通鑑一六五梁元帝承聖三年所載西魏諸將賜胡姓之列，所統軍人亦改從其姓，明是以一軍事單位爲一部落，而以軍將爲其部之酋長。……但八柱國之設，雖爲摹仿鮮卑昔日八部之制，而宇文泰既思提高一己之地位，不與其（它）柱國相等，又不欲元魏宗室實握兵權，故雖存八柱國之名，而六柱國分統府兵，以比附于「周官」六軍之制。此則雜揉鮮卑部落制與漢族「周官」制，以供其利用，讀史者不可不知也。（註一二〇）

陳氏此論甚爲精闢。今結合八柱國之人名和淵源略爲疏解如下：

西魏時之「八柱國」指宇文泰、元欣、李弼、李虎、獨孤信、趙貴、于謹、侯莫、陳崇等八人。元欣爲拓跋魏之宗室后裔，他之資望可以作爲比擬「八部大人」之八柱國之代表，亦宇文氏之總領，因之由八部而八註國之融合，無形中亦造成拔跋氏與宇文氏之融合。

第四節　鮮卑與匈奴之關係

第一目　匈奴由來

匈奴其先祖爲夏后氏之苗裔，史記百十匈奴傳：

匈奴其祖夏后氏之苗裔，也曰淳維，唐虞以上有山戎獫狁葷粥（按夏后氏即黃帝…顓頊—鯀—

禹，啟均稱夏后氏），夏音似匈音義人。山戎如居祁連山，焉支山「見本傳葉廿四上」之戎。獫狁葷粥：應邵風俗通曰：「殷時曰獯粥改曰匈奴；晉灼云：堯時曰葷粥，周曰獫狁，秦曰匈奴：韋昭云：漢曰匈奴，葷粥其別名，則淳維是其始祖，蓋與獯粥是一也。（註一二一）

王國維著：鬼方、昆夷、玁狁考：

余謂皆畏與鬼之陽聲，又變而爲葷粥。（史記五帝本及三王世家）爲薰育，（史記周本記）爲獯粥（孟子）又變而玁狁，亦皆畏鬼二音之遺，畏紀之爲鬼，混爲之昆，爲緄、爲畎、爲犬，古喉牙同音也，畏之爲混，鬼之爲昆，爲緄、爲畎、爲犬，古陽對轉也。混昆與葷薰，非獨同部，亦同母之字（古音喉牙不分）玁狁則葷薰之引而長者也，故鬼方、昆夷、薰育、玁狁，自係之語之變，亦即一族之稱，自音韻學上證有餘矣。（註一二二）

王氏玁狁之考證，玁狁則薰（葷）粥之引而長者也，由玁狁而匈奴，實是一音之轉也。蓋沿漢音譯家應邵、晉灼、韋昭之傳統說法。

白鳥庫吉著東胡民族考文中將匈奴之族系，加以概略之敘述：

漢人稱北方之敵國，而特選此不美之匈奴一詞，殆爲表示輕侮之意甚明，然此譯名同時所傳之原音不同。史記匈奴傳注：『應邵風俗通曰：「殷時曰獯粥，改曰匈奴」。又晉灼云：「堯時曰葷粥，周曰玁狁，秦曰匈奴」。韋昭云：「漢曰匈奴，葷粥別名」。則湻維是其祖，蓋與獯粥是一時也』。是匈奴之譯名隨時代而異之。漢之註釋家以葷粥、獯粥、玁狁爲匈奴之譯，畢竟拘泥于文字方面爲漢人之常弊，不足置信。蓋就漢文字之性質，頗不適于外國名稱音譯之正確耳。匈奴之名若僅傳于漢史，尋繹其原義或不免招尤，今幸其他文明國記錄中亦有所載，余輩因而確信此名之解説也。例如，額利西亞人所謂 Xouvos 或 Xouvus、拉丁人之 Humui、印度人之 Huna、亞爾美尼亞之 Hunk，均爲匈奴之原稱也。然則，匈奴之名何以能傳播于絶遠之國乎？蓋秦末漢初，冒頓單于崛起漢北，亞洲北部爲所掃蕩，遂建立廣大國家。匈奴之名乃于此時而傳播于西域諸國也。而此諸國既聞北狄匈奴之名，遂致亞洲北部興起之戎狄不論其爲何種，蓋稱之曰 Hun。然則西域諸國所謂之匈奴（既 Hun）民族，必非原來之匈奴，其名稱乃由傳佈而知者也。故余輩對彼諸國呼北狄曰 Xouvvos、Huna、Hunk 與漢史之匈奴、葷粥、獫狁均謂爲匈奴之異譯殊可信也。

白鳥氏上所論證，只是將漢之註釋各家加以印證，未提出新之見解。

白鳥氏更進一步探研匈奴之意義茲錄之如下：

泰西，東洋學者之間雖對此名義不無解説，然彼等對于西史所載之 Hun 果否與漢史之匈奴爲同種，則異論紛紛。即就匈奴氏族之種類而論，至不一定。故對此名義之解釋，異説百出，無所歸著。例如 Klaproth 氏以西史之 Hun 爲 Fin 種，而以漢史之匈奴爲 Turk 種，故以 Hun 擬爲 Wooghul 語之 Kdm、Khum、Hun（人之義焉）。grimm 氏謂 Hun 爲印度日耳曼種，故以爲相當于現德、法國 Westphalia 言之 H″une 巨人之義。Erdman 氏謂突厥種，故考定爲 Unuigun

之省略ur，或ughuz汗之長子反gumo（Endman : Tomueschin unerschutterlich p.78 anm.1）wolf氏以匈奴爲突厥種語一人之義，Kum或Kunen爲其對譯。（gerchichte der mongolem. Pl 2 anm. 2）。然突厥語人曰Kisi，未聞曰Kum、Kumen者。Vambery氏謂Hun爲突厥種，以Hun之名而擬匈奴牙利人所謂之K′un人義。並K′un之母音u延長之，其原形爲Kogun而轉訛爲Kovun、Koun，突厥語群集，軍隊之義也。（Der uraprumg der Nbagyaren P. 43）。夫學者對匈奴名義議論不一，從未得其得解決者，理由有二：彼等關于匈奴（Hum）之種類，見解不一，因而各就其屬種類之語言而能說其名義，一也；彼等由古代西域諸國汎稱之民族之語言Hun，而欲求其名義，以致不顧匈奴原語下之此名稱，二也。匈奴之名已脫離原民族，移轉于他民族之上而適用之，已如前述，則以此族之言語而直探此名義，猶緣木求魚也，其不得要領，殆爲當然之事耳。余于拙稿論蒙古氏族之起源，擬匈奴爲現今之達賀爾（Dahurs）人，而Tunguse元子多量包含于蒙古種中，故以蒙古語解之，深信爲適當之方法也。此國語中Khaekha方言，謂人曰Kung、Buryat方言曰Kun Kung、Khimg。Kalmuck方言曰K″un、K″um″un。Dahur方言曰Ku、Khun。（Iwanowski，Schmidt，Klaprotk，Castu″n），匈奴Hi-ung-nu，Hu由上所述「人」之義轉訛，實有可能也。前段曾引用Klaprath氏及Wolf氏之說，Hun（Hung-nu）之名而解作「人」之義雖與余說同，Klaprath氏以Woghul語相比，Wolf氏以爲相當于突厥語，則與余說相異。夫野蠻國民迭其國名而今人之義意，求之于世界，此例甚多。即如通古斯部落中自曰稱Boye或Wonki，人或民之義也。北海道蝦夷人自稱「愛奴」，樺太及黑龍江之gilyak人自稱Vibakh亦人之義。（本邦人北韃地方紀行中有「尼庫盆」即Nibgkh，相當于他方語中之Nix-bung、Nixbyng（Nibakh-Nibykh）額爾亞庫義所謂者也。（Schrent: Die V″oeker des Amurlandes P. 99）。Himraya族之Siphon自稱曰Simpho亦人之義（Needham Outline of hu gram of sinpho P. 102）Samoged人自稱曰Kasovo人義（Wassilli Krestuin: Norices Ler Samoyedes Magazin Ascatique，and P. 64）Nyenyezne「民」之義也（Klaproth: A.P.P. 139）. Kamcadal人稱曰Itelmen住民之義也（Schlozer: Hllgemeine Nordische geschichte P. 404）Yakut人自稱曰Sakha，土語「人」之義也（Rodloff: Die Jakutische Sprache P. 53）。亞洲民族中特別是北部之民族多以「人」義爲國號，則余謂與匈奴名稱同義之說，決非徒恃臆斷已耳。由上陳述而概括之，胡者、匈奴（Hungnu）之原名，爲漢人所省略，蒙古語「人」之義也。（註一二三）筆者以爲匈爲山，奴（淖）爲水之義，即上山打豬，下水捕魚。然匈奴非是純蒙古種，而是匈奴與鮮卑混合之民族。

第二目　匈奴與鮮卑之關係

拓跋鮮卑與東胡鮮卑最初之起源可能相同，但到後來有所分別，其主要原因即由于拓跋鮮卑遷入匈奴之故地由鮮卑與匈奴融合。（註一二四）其拓跋鮮卑，主要由于鮮卑父鐵弗（匈奴）母融合而成。（註一二五）魏書鐵弗劉虎傳：「鐵弗劉虎，南單于之苗裔，左賢王去卑之孫，北人謂胡父鮮卑母鐵弗，因以爲號」，據此匈奴與鮮卑之合種，名曰鐵弗，拓跋亦譯禿髮，既號鮮卑又稱匈奴，疑拓跋即鐵弗（伐）之異譯，虜重母族，自稱鮮卑。（註一二六）茲分述如下：史記一百匈奴傳：

匈奴……唐虞以上有山戎。

燕北有東胡山戎（漢書音義曰烏丸或云鮮卑，按鮮卑保鮮卑山而得名）。

焉支山（正義曰焉音煙括地志云焉支山一名删丹山在甘州删丹縣東南五十里西河，故事云匈奴失祁連焉支二山乃識曰：亡我祁連山使我六畜不蕃息，失我焉支山，使我婦女無顏色，其慜惜乃如此。）（註一二七）

鮮卑保鮮卑山而得名，後漢書卷九十鮮卑傳：

鮮卑者亦東胡之支也，別依鮮卑山，故因號焉。（註一二八）

綜上匈奴亡我祁連山使我六畜不蕃息，「祁連山一名天山，亦曰白山也。」（註一二九）鮮卑依鮮卑山，一統志：興安嶺（亦鮮卑山）（註一三〇）與天山相等，天山隨地異名。（註一三一）因之匈奴與鮮卑所依之山，均可稱爲天山。

匈奴與鮮卑爲爭中間棄地莫居千餘里，各居其爲歐脫（韋昭曰界上屯守處。索隱曰服虔之作土室以伺漢人又纂文曰歐脫土穴也，又云是地名。正義曰按境上斥堠之室爲歐脫也）（註一三二）

白鳥庫吉著：東胡民族考：「（歐脫）地帶位置雖不明確，大抵兩國之間有南北横亙之興安嶺界，所謂歐脫，即在此山脈之左右歟。」（註一三三）

匈奴與鮮卑在興安嶺左右千里遥，定是兩族混合之樞紐。亦是兩族緩衝之地。

匈奴自擊敗東胡後，勢很盛，於東漢章帝元和元年（西元八四年）其勢衰，後漢書南匈奴傳：

北虜（匈奴）衰耗，黨衆離畔，南部攻其前，丁零寇其後，鮮卑擊其左，西域侵其右（註一三四）

至章和元年（西元八七年），鮮卑入其左地，擊北匈奴大破之，間接形成兩族之混合。

匈奴與鮮卑直接之融合見後漢書鮮卑傳：

（和帝）永元中大將軍竇遺右校尉耿夔擊破匈奴北單于逃走，鮮卑因此轉徙據其地，匈奴餘種留者，尚有十餘萬皆自號鮮卑，鮮卑因此漸盛。（註一三五）

鮮卑得匈奴族十萬，其勢漸盛，以鮮卑爲主之聚落，鮮卑男則可娶得匈奴女，而匈奴男，亦可娶到鮮卑女，這樣不等之通婚，漸變成鮮卑父鐵弗（匈奴）母之融合。

北魏獻帝，詰汾之子力微（神元皇帝）之時，與屬于匈奴族系之獨孤部，賀賴部等族往來并互爲婚姻。拓跋氏自始至終與匈奴以及曾經附屬于匈奴之其它部落發生相互融合之關係，因之南朝史家均認索虜，爲匈奴之一種。（註一三六）

北魏詰汾子之力微（神元皇帝）之時，拓跋部兼并五原郡之没鹿回部，同時又有不少部落大人悉皆款服，所以拓跋鮮卑控弦之士發展至二十多萬。至西元二五八年遷至定襄郡之盛樂，舉行祭天大會，遠近部落之酋長又都來助祭。魏書，官氏志：神元皇帝力微時，除了帝室十姓之外，其它異姓諸部加入拓跋之政治組織之內者，有七十五姓或部落，分此七十五姓（或部落成分）不是拓跋鮮卑，而是其它之部落或部族，其中屬匈奴族之姓有六：

（一）賀賴氏：（晉書，匈奴傳）：入塞匈奴十九種之內有賀賴種。五胡十六國慕容儁時，匈奴單于賀賴塌頓部落三萬五千降于儁，處之于代郡平舒城（今山西廣靈縣西）魏初仍稱賀賴氏，至太和年間改爲賀氏。

（二）獨孤氏：通志、氏族略：「獨孤氏」姓劉北蕃右賢王之後。其先尚公主，因從母姓劉氏。後漢度遼將軍劉進伯擊匈奴，兵敗被執，因之孤山下，生尸利，單于以爲谷蠡王，號獨孤部。唐書，宰相世系表：尸利牛烏利，二字：去卑、猛。後改爲劉氏。

（三）須卜氏：前漢書，匈奴傳、後漢書南匈奴傳：匈奴族大姓有須卜氏。後改爲卜氏。

（四）丘林氏：後漢書南匈奴傳：匈奴大姓有邱林氏。後改爲林氏。

（五）破六韓氏：魏書官氏志：出大汗氏後改爲韓氏。陳毅：官氏志疏證：「出大汗」乃北齊書，步大汗薩傳：步大汗之訛。姚薇元北朝胡姓考內篇第三韓氏條：據梁書爲步六汗薩。此步六韓即（北齊書），（北史）中之破六韓，或周書中之破六汗。北齊書，破六韓常傳：常字保年，附化（今山西朔州境內）人匈奴單于之裔也。

（六）宿六斤氏：魏書官氏志：宿六斤氏後改爲宿氏。宿石傳云：宿石，朔方人也。赫連屈子弟文陳之曾孫也。赫連屈子即勃勃，原姓鐵弗氏。是一種鮮卑之匈奴人。宿六斤氏原亦爲匈奴族無疑。（註一三七）

綜上所述：匈奴族大部融合于鮮卑，而成爲拓跋氏鮮卑，反之拓跋鮮卑族中亦含有匈奴族之大量血統，而成爲匈奴族後，最盛之新興生力軍，因之才形成了拓跋氏之北魏。

第五節　丁零與鮮卑之關係

第一目　丁零由來

丁零後名高車、鐵勒、回紇茲分述如下：

一、丁靈、丁零、丁令，漢初即爲獨立部落，史記匈奴傳：「冒頓：北服渾庚、屈射、丁靈、鬲昆、新犁之國」。（註一三八）漢書匈奴傳：「北服渾窳（音代主反）、屈射、丁零、鬲昆龍新犁之國。」（註一三九）。後漢書烏桓傳：「嚴尤領烏桓，丁令屯軍代郡」。（註一四〇）三國志三十魏烏丸傳引王沈魏書：「在丁令之西南，烏孫之東北」。（註一四一）

綜上述丁令部族分北、西丁令：三國志魏略考：「丁令……，有鬲昆國，有新犁國，明北海之南自復有北丁令」。「烏孫之北，西之丁令」。（註一四二）

二、高車：魏書百十三高車傳：「高車蓋古赤狄之餘種也，初號爲狄歷，北方以爲敕勒，諸夏以爲高車，丁零，其語略與匈奴同，而時有小異，或云其先匈奴之甥也，其種有狄氏、紇氏、斛律氏、斛批氏、護骨氏、異奇氏……其遷徙隨水草衣皮食肉，牛羊畜產，盡與蠕蠕同，唯車輪高大，幅數之多，後徙於鹿渾海西北百餘里，部落彊大，常與蠕蠕爲敵」。（註一四三）

元史譯文證補卷廿四康里補傳：「康里，別作康鄰（見元秘史），古高車之後。魏書曰高車，蓋古赤狄之餘種也，初號爲狄歷，北方以爲敕勒，諸夏以爲高車、丁零，其語略與匈奴同，而時有小異，或云，其先匈奴之甥也。……其遷徙隨水草，衣皮食肉，牛羊畜產，盡與蠕蠕同，惟車輪高大，幅數至多，後徙於鹿渾海西北百餘里，部落強大，常與蠕蠕爲敵，又或謂古時其部侵略他族，鹵獲至多，騎不勝負，其部人能製車，車高大勝重載，乃盡取鹵獲以返，故以高車名其部。元魏以後，不見於史。……蒙古崛興，康里始著，其居地直鹹海北，而西及於裡海，西與奇卜察克爲鄰，南與貨勒自彌接壤」。（註一四四）

高車即丁零，因其會製車高而大，載物多，蒙古之蓬車恐受其影響。丁謙漢書匈奴傳考證卷上：「丁零一名狄歷，一名敕勒，三國時分部佈於金山南曰西丁令，魏書稱爲高車，而狄歷又作鐵勒，其部衆由獨洛河（今土拉河）歷伊吾（今巴里坤）金山，而蔓延於西域，最遠者並入俄之南端河（今頓河）黑海等」。（註一四五）

高車于蒙古崛起，其居地直鹹海北，西及裡海、黑海等地。

韃靼千年史章二：「康加麗（Kankaln）一辭，在匈奴時代是爲丁零，在後魏時稱爲高車，突厥時稱爲回紇，入元又稱爲康里（Kankly）。康里爲突厥語，亦有車義也，而丁零又有兩種，一居今貝加爾附近，一居巴爾克什左右，吉里吉思地方幾俱爲所有。……高車屢與蠕蠕相攻。魏道武帝伐蠕蠕，高車雜種三十餘部亦爲所破，虜男女五萬餘口，馬牛羊餘萬，高車二十餘萬乘而還」。（註一四六）

高車部族所含雜種三十餘，高車恐爲他稱，而自稱爲丁零，亦稱鐵勒。

三、鐵勒：北史鐵勒傳：「鐵勒之先，匈奴之苗裔也，種類最多，自西海之東，依山據谷，往往不絕，獨洛河（今土拉河）北有僕骨、同羅、韋紇、拔也古、覆羅（按缺羅），並號俟斤，蒙陳、吐如、紇佳斯、斛薛等姓，勝兵可二萬。伊吾以西焉耆曰之北傍白山：有契弊、薄落職、乙咥、蘇婆、那曷、烏護、紇骨、也咥，於尼護等。勝兵可二萬。金山西南有薛延陀、咥勒兒、十槃、達契等一萬餘兵（以上屬中國）。康國北傍阿得水：有訶咥、曷截、撥忽、比干、曷比悉、何差、蘇拔、也末、渴達等姓兵三萬許。得嶷海（今俄屬巴勒哈什湖）東西有蘇路、羯三、索咽、薩忽等姓（兵）八千餘。拂菻東則有恩屈、阿蘭、北褥、九離、伏嗢、昏等近二萬人。北海南則有都波等。雖姓氏不同，總謂之鐵勒。並無君長……居無恒所，隨水草流移，性凶殘，善騎射」。（註一四七）

北史，隋書鐵勒傳所引，計有四十餘姓，其族系複雜，茲分析如后：

（一）匈奴族屬說：北史鐵勒傳：

鐵勒之先，匈奴之苗裔也，種類最多，自西海之東，依山據谷。（隋書鐵勒傳同）（註一四八）

唐書鐵勒傳卷一四九下：

鐵勒本匈奴別種，自突厥強盛，諸部分散，衆漸寡弱。（唐高祖）武德初有薛延陀。迴紇、都骨幹、多寬葛、僕骨、野古、同羅、渾結、斛薛、奚結、阿跌、白霫等散在磧北。（十五部）（註一四九）

北史主鐵勒爲匈奴族屬，而唐書主鐵勒爲匈奴別種。

（二）鮮卑族屬說：丁謙：隋書鐵勒傳考證：

鐵勒諸族，皆丁令、高車、堅昆所分，實鮮卑人種。唐書回紇傳言俗多高輪車。元魏時號高車，或曰勑勒，訛爲鐵勒之後裔，誤也。（註一五〇）

鐵勒十五部中之契苾，從字形看，是沿鮮卑之名，而白霫亦然。

（三）混血兒族屬說：史記匈奴傳：

冒頓……北服渾庾、屈射、丁靈、鬲昆、新犁之國。（註一五一）

魏書高車傳：

高車蓋古赤狄之餘種也，初號爲狄歷，北方以爲勑勒。諸夏以爲高車、丁零，其語略與匈奴同，而時有小異，或云匈奴之甥也。（註一五二）

丁謙撰新唐書回紇等國傳地理考證：

契苾（唐書）亦曰契苾羽（新唐書、隋書曰契弊，西人稱額魯特、厄魯特、鄂勒特、衛拉特、明稱瓦剌爲Kalmuch or Kalmuk、（註一五三）土耳其人稱爲Camars）在焉者（Kaiacher）西北，鷹娑川（Youldoug）流域（即大裕勒都斯河）。唐貞觀六年來歸，以地爲榆州（甘、涼間）永徽四年，改賀蘭都督府，隸燕然都護，太和中其種落附於振武。（註一五四）

唐書一〇九契苾何力傳：「鎭軍大將軍，行左衛大將軍，檢校右羽林軍，封涼國公。」（註一五五）

新唐書卷三十五契苾何力傳：「（唐太宗）貞觀十四年（契苾何力）與弟沙門在涼州，沙門爲賀蘭都督」。（註一五六）

鐵勒古稱丁零，其部族成立甚早，高車古赤狄之餘種也，初號爲狄歷，北方以爲勑勒。諸夏以爲高車、丁零，其語略與匈奴同，而時有小異，或云匈奴之甥，鐵勒其義與匈奴有異，且或爲匈奴之甥。鐵勒部衆中有契苾，唐太宗貞觀六年來歸，以地爲榆州（甘、涼間），高宗永徽四年，改賀蘭都督府，而契苾何力弟沙門在涼州爲賀蘭都督，以統治賀蘭部。「賀蘭部爲北魏初期北部獨立大部落之一，內含有十氏」，（註一五七）勢力強大，與魏宗室關係密切，契丹族系再論。

第二目　丁零與拓跋鮮卑之關係

丁零於漢時已顯，史記匈奴傳：

後北服渾庚、屈射、丁靈。（索隱：魏略云：丁靈在康居北，去匈奴庭，接習水，七千里）。（註一五八）

丁靈在漢朝時已顯，住在康居之北，後徙中國，通鑑卷九四晉紀成帝咸和五年：

初，丁零翟斌世居康居，後徙中國，至是入朝於趙，趙以斌爲句町王。（註一五九）

通鑑卷一〇五晉紀：

會丁零翟斌起兵反秦（胡三省曰：丁零種本居中山苻堅之滅燕也，徙於新安。）（註一六〇）慕容鳳及燕故臣之子，燕郡王騰，遼西段延等（段延蓋段國之晉書慕容種），聞翟斌起兵，各帥部曲歸之。平元公暉使武平侯毛當討斌。慕容鳳曰：「鳳今將雪先王之恥，請爲將軍斬此氐奴。乃環甲直進。丁零之衆，隨之，大敗秦兵。斬毛當，遂進攻陵雲台戍，克之，收萬于人甲仗。（註一六一）

慕容鳳、王騰、段延皆勸翟斌奉慕容垂爲盟主，斌從之。（註一六二）

丁零爲首大敗秦兵，擁慕容垂爲盟主，丁靈之勢力甚盛。

慕容垂擅兵河北，泓沖寇逼京師，丁零雜虜，跋扈關洛，州郡。（註一六三）

樂浪王温在中山，兵力甚弱，丁零四布，分據諸城。（註一六四）

丁零不但跋扈關洛，且四布，分據諸城，但丁靈無形中與鮮卑之慕容氏相混合。

晉書慕容儁載記十：

光壽遣其撫軍慕容垂，中軍慕容虔與護軍平熙等率步騎八萬討丁零勑勒于塞北大破之，俘斬十餘萬破之，獲馬十三萬匹，牛羊億餘萬。（註一六五）

丁零被慕容氏俘斬十餘萬衆，丁零與慕容相混合無疑。

拓跋氏鮮卑與丁零（高車）關係更爲密切。魏書序紀一：

昭成帝什翼犍廿六年十月，帝討高車大破之，獲萬口馬，牛羊百餘萬。（註一六六）

昭帝什翼犍三二年十二月，征高車大破之。（註一六七）

昭帝什翼犍三九年：苻堅遣其大司馬苻洛率衆二十萬……侵逼南境。十一月白部獨孤部，禦之敗績，帝時不豫，莫可任者，乃率國人避於陰山之北。高車雜種盡叛，四面寇鈔，不得芻牧，復渡漠南。（註一六八）

昭帝什翼犍時拓跋氏鮮卑先破高車，後因帝不豫，乃率國人避於陰山之北，可能依附賀蘭部（見後證之），仍不得牧，故渡漠南。

魏太祖拓跋珪時魏國勢稍強，魏書太祖登國四月正月：

「魏太祖」襲高車諸部落大破之。

五年三月帝西征次鹿渾海襲高車，袁紇部，大破之，虜獲生口馬牛羊二十萬。

五年十月遷雲中討高車，豆陳部於狼山破之。（註一六九）

丁零部衆時常出入中山，魏書卷二太祖紀：

太祖皇始二年七月，普鄰遺烏丸張驤率五千餘人，出城求食………賀麟自丁零入于驤軍，因其復入中山。（註一七〇）

晉書一二四慕容寶載記：

麟怒殺精出奔丁零……麟侍郎段平子自丁零奔還，說麟招集丁零軍衆甚盛……麟率丁零之衆入中山，斬詳及其親黨三百餘，復僭稱尊號。（註一七一）

魏書卷二六長孫肥傳：

（仇）儒爲長史，聚黨二千餘人，據關城，連引丁零，殺害長史，扇動常山，鉅鹿，廣平諸郡。（註一七二）

魏書二八莫題傳：

出除中山太守，督司州之山東七郡事，車駕征姚興，次於晉陽，而上黨群盜秦頗，丁零翟都等聚衆於壺關，詔題帥衆三千以討之，上黨太守捕頗斬之，詔題搜山窮討，盡平之。（註一七三）

丁零出入中山，詔題帥三千以討之，後繼續不斷圍攻，則終將丁零之亂，盡平之。

太祖天興二年以後丁零與北魏之關係，魏書太祖天興二年八月：

西河胡帥護諾干，丁零帥翟同，蜀帥韓磐，並相率內附。

天興三年十一月：高車（丁零）別帥勑力，率九百餘落內屬。（註一七四）

天興四年正月高車別帥率其部三千餘落內附。（註一七五）

天興五年二月，沙門張翹，自號無上王，與丁零鮮于次保聚黨常山之唐。夏四月太守樓伏連討斬之。（註一七六）

天興六年十月詔將軍伊謂率騎二萬北襲高車。十一月伊謂大破高車。（註一七七）

魏太祖自天興年後，丁零族多是相率內屬，天興三年丁零率九百餘落內屬，四年有三千餘落內屬。其反叛者均爲魏軍所破。

魏太宗時之丁零：魏書太宗紀與同安傳：

太宗永興三年二月：詔北新侯安同等持節循行并定二州及諸山居雜胡丁零，問其疾苦。（註一七八）

神瑞中郡縣斬叛胡翟猛雀於林慮山，猛雀遺竄於行唐及襄國，幾追討盡誅之。（註一七九）（按魏書卷三三張浦傳有丁零翟猛雀）

太宗曾親征丁零翟猛茂，爲中軍執幢。（註一八〇）

太宗泰常二年四月，榆山丁零翟蜀率營部遣使通劉裕。（註一八一）

太宗泰常二年十一月長孫嵩等諸軍至樂平詔嵩遣娥周幾等與叔孫建討西山，丁零翟蜀洛支等悉滅餘黨而還。（註一八二）

太宗泰常三年正月，帝自長川詔護高車中郎將薛繁率高車丁零十二部大人衆北略至弱水降者二

千餘人，牛馬二萬餘頭，河東胡蜀五千餘家相率內屬。（註一八三）

魏太宗初期丁零內屬，後丁零時叛被誅，丁零終于降者二千餘人，河東胡蜀五千餘家相率內屬，漸與北魏鮮卑人相混合。

世祖太武時之丁零時叛時期，魏書卷四世祖紀四：

太武帝神䴥元年十月，定州丁零、鮮于、台陽翟喬等二千餘家叛入西山，掠郡縣，州軍討之失利，詔鎮南將軍壽光侯叔孫建擊之。

神䴥二年正月，丁零、鮮于、台陽等歸罪詔赦之。

神䴥二年八月，帝以東部高車屯尼尼陀。

神䴥三年三月，雲中河西勑勒千餘家叛，尚書令劉絜追滅之。

四月行幸雲中，勑勒萬餘落叛走，詔尚書封鐵追討滅之。（註一八四）延和元年七月遣安東將軍宜城公奚斤發幽州及密雲丁零萬餘人，運攻具出道南，會和龍。（註一八五）

太平真君八年三月，河西王沮渠牧健謀反伏誅，徙安州丁零三千家於京師。（註一八六）

世祖（太武）時丁零與勑勒並列，叛多於內附，將其餘衆三千家徙於京師。高宗時之丁零：魏書高宗紀五：

高宗太安二年二月，丁零數千家亡匿井陘山，衆爲寇盜，詔定州刺史許宗之，并州刺史史乞，佛成龍討平。和平元年二月：衛將軍樂安王良督東雍吐京六壁諸軍西趣河西，征西將軍皮豹子

等督河西諸軍南趨石樓以討河西叛胡。六月…河西叛胡詣長安首罪遣使者安慰之。（註一八七）

顯祖皇興五年四月，西部勅勒叛，詔汝陰王天賜，給事中羅雲討之。雲爲勅勒所襲，殺死者十五六。（註一八八）

高祖孝文帝元興二年二月東部勅勒叛奔蠕蠕，太上皇追至石磧不及而還。

元興二年三月，連州勅勒謀叛徒配青、徐、齊、兗四州爲營戶。（註一八九）

世宗正始四月十二月：高車率部來降。

永年三月九月，高車別帥可略汗等率衆一千七百內屬。十月高車等國並遣使朝獻。（註一九〇）

肅宗神龜元年五月，高麗、高車、高昌，並遣使朝貢。

孝昌二年三月，西部勅勒、斛律、洛陽反于桑乾河西與河西牧子通連，別將爾朱榮破之。（註一九一）

綜上所述，北魏書最初首現高車，次丁零，次勅勒，有時高車與勅勒並數見，恐是同名之異譯。丁零與北魏鮮卑氏有時處於相對立之地位，有時內屬，且相混合，變成混合種之種族。

第六節　鮮卑與契丹族系之關係

鮮卑爲胡人之共稱爲父之義。（註一九二）蒙格（古）爲鮮卑人之自稱。（註一九三）蒙古種有兩個類型爲代表北方人最多數者，其一即蒙古正統族系，爲右部（Borongar）。（註一九四）其二爲契丹族系，爲左部（Songar）。（註一九五）白鳥庫吉氏主匈奴及包括烏桓與鮮卑之東胡，均屬蒙古種。（註一九六）而匈奴、鮮卑、慕容、托跋等族之言語均含有多量蒙古語。（註一九七）鮮卑既爲契丹之先導族系，主契丹爲蒙古族系之一者除白鳥庫吉氏外，尚有日人島田正郎氏。（註一九八）蒙古學者札奇斯欽，（註一九九）等人。

鮮卑主要族系：慕容氏、托跋氏、宇文氏。慕容氏係之蒙古，托跋氏與賀蘭部關係密切，宇文氏爲契丹之先系。

茲分述如下：

一、北魏靈徵與契丹關係：魏書靈徵志：「化（靈）之所感，其徵必至、善惡之來，報應如響。蓋神祇眷顧，告示禍福，人主畏天敬神，仰瞻府察，戒往愼行，圓首之類，咸納於仁壽。然則治世之符，亂邦之孽，隨方面作，厥通不同，不可勝數。」（註二〇〇）「魏之先世居幽朝，有神獸其形似馬其聲類牛，先行引導，始居匈奴之故地。（註二〇一）魏之先有神獸，其形似馬，其聲類牛。與「契丹之先，有一男子乘白馬，一女子駕灰牛，相遇遼水之上，遂爲夫婦，生八男子，一男子即大賀氏」。（註二〇二）

二、托跋氏與耶律氏關係：賀蘭部爲代東部，（註二〇三）代公托跋弗時盛矣，普愍帝封猗盧爲代王，後被殺，部衆擁立其父鬱律爲代王，爲猗㐌妻所殺；猗妻主子賀傉，律子什翼犍，幼在襁褓中，被母裝入褲中隱藏中未哭得免。（註二〇四）賀傉卒，弟紇那立。（註二〇五）鬱律長子翳槐，居於其舅賀蘭部，紇部遺使求之，賀蘭部大人藹頭擁護不遣，紇那與宇文部共擊藹頭不克，宇文衆敗。（註二〇六）晉成帝咸和四年（三二九）賀蘭部及諸部大人，共立翳槐爲代王，紇那奔子宇文部，翳槐遣其弟什翼犍，質於後趙石勒，以求和好。（註二〇七）代王什翼犍世子實，取東部大人賀野干之女，生男曰涉圭。（註二〇八）賀訥大人，太祖（珪）元舅，獻明后之兄，有勳於國（魏），尚平文女，父野干尚照成（什翼犍）女，昭成崩，諸部乖亂，獻明后與太祖（珪）及衞，秦二王依訥，訥總攝東部，爲東部大人，衆多歸之，於是諸部大人，請訥求舉太祖爲主，遂與諸部人勸進，太祖登代王于牛川（今山西玉石縣）（註二〇九）賀蘭部爲代東部大人，世代互爲婚姻，且代公、王之立，多假賀蘭部擁載，故兩者關係密切。

三、北魏八部與契丹關係：

魏道武帝天興元年十二月置八部大夫（人），於皇城四方四維官署。（四方爲東南西北；四維爲東南，東北、西南、西北、謂之八方）爲八姓族由來。

魏明元帝神瑞元年（四一四）春八大人官，大人置三屬官，總理萬機，故世號八公。（註二一〇）故有八部大人及八座。「太宗即位，與山陽侯悉斤，北新侯安同，白馬侯崔鈎等八人，坐止車門右，聽理萬機，故世號八公。（註二一一）王詳與八座奏曰：（註二一二）

契丹古八部，首先於北魏書契丹傳，契丹古八部在魏書契丹傳與遼史中之八部相同，因之推論契丹古八部係之北魏之八部。（註二一三）故 而爲大賀氏八部，遙輦氏八部，迭剌氏八部。

四、北魏二元政制與契丹關係：魏桓帝（猗㐌）六年以盛樂爲北都，故平城以爲南部，使長子六脩鎭小平城，領南部。（註二二四）故盛樂北都爲北部。「昭成（什翼犍）帝將各方雜人來附者，總謂之烏丸，分爲南北二部，以大人總之。帝弟觚監北部，子實君監南部，分民而治，若古之二伯。太祖（珪）登國元年因而不改，南北猶置大人對治二部，（註二二五）此爲二元改劉之由來。

遼南北官二元政制，是沿此魏之舊，因爲契丹之賀蘭部是代之東部。（註二二六）賀蘭氏簡稱賀氏，（註二二七）因部族之大，謂之大賀氏。（註二二八）至遼太祖阿保機神冊六年詔正班爵（官制），太宗德光兼制中國，官分南北，以國制治契丹，以漢制治漢人。官分南北院，北面官治宮帳部族屬國之政，南面官治漢人州縣租賦軍馬之事，因俗而治得其宜。初太祖分選夷离菫爲南北之大王，謂之南北院，宰相、樞密、宣徽、林牙（翰林），下至郎君護衛皆分南北，其實治所，皆北面之事，謂遼官制不可不知。（註二二九）元好問謂遼人立國兩百餘年，南衙不主兵，北衙不理民。（註二三〇）此指遼北面官之南北樞密院之樞密使而言。故北魏南北面官制與契丹南北面官制關係密切。

五、北魏漁獵與契丹關係：北魏托跋氏是以「畜牧遷徙，射獵爲業。」（註二三一）而契丹耶律氏亦以「畜牧遷徙，射獵爲業。」（註二三二）茲分漁獵與獸獵述之如下：

（一）觀漁：北魏與契丹人觀漁爲其特殊風俗，可能爲捕漁之前奏曲。分北魏人之觀漁與契丹人之觀漁：

㈠北魏氏之觀漁：

魏太祖（托跋珪）皇始四年三月帝（觀）漁鹿于寢殿。太祖天賜五年正月「遂如參合陂觀漁于延水至寧川。

魏太宗（明元帝）永興四年七月臨去畿陂觀漁、神瑞二年六月去畿陂觀漁，次于濡源台射白熊于頹牛山獲之，幸涿鹿登橋山觀温泉，使者以太牢祠黃帝廟。神瑞四年五月觀水（漁）於灅水。泰常三年五月「庚寅朔觀漁於灅水」。

魏太武帝太平眞君五年九月帝自河西至馬邑觀于（漁）山亭川。

高宗文成帝和平三年二月畋于崞山，遂漁旋鴻池。

㈡契丹人之觀漁：契丹人之觀漁，可能爲耶律氏鈎漁之前奏曲。茲分記如下：

遼太祖神冊五年觀漁於烏魯古河，神冊七年觀漁烏林河（註一三）

太宗四年十一月甲申觀漁三義口，九年正月癸酉漁于土河。

穆宗天祿三年月庚子觀漁於神德湖。

聖宗統和元年十一月壬子觀漁撻馬濼（泊），承天太后十二月己亥觀漁于玉盆灣，辛丑觀漁于濬淵（遼史卷十聖宗）統和四年正月申戍觀漁土河（遼史卷十一聖宗二葉一上）統和十九年十一月巳卯觀漁於儒門濼（聖宗五葉三上）。統和廿三年十一月辛亥觀漁尋（桑）乾河（遼史卷十四盛宗五）盛宗開泰九年觀漁沙濼（遼史六十六遊幸表葉十一下）開泰三年觀漁于瓌汲濼、三樹濼（同上引）。聖宗太平元年十一月幸通天觀魚（遼史卷十六聖宗六葉六下）

興宗重熙八年正月丙申如混同江觀漁。庚戌叉魚于率設里（河）（遼史卷十八興宗一葉九上）

由以上所引，北魏之托跋氏與契丹之耶律氏之觀漁期間約在入冬後，或是在開春前，帝后，則行觀漁，然後加以捕捉，或是以觀漁作玩賞。

（二）捕漁：分北魏托跋氏與契丹耶律氏之捕魚：

㈠托跋氏之捕魚：

北魏太祖（道武帝）登國九年三月北巡，五月田（打臘）於河東。

太宗（明元帝）泰常四年正月壬辰朔車駕臨河，大蒐（捕）於犢渚。泰常六年八月庚子大彌於犢渚。

世祖（太武帝）神䴥元年四月西巡戊午田於河西。太延元年七月己巳校獵於廣州，八月丁亥校獵於河西。

文成太安二年假申畋於河西；文成帝皇興元年十月癸卯畋於那池。

獻文帝皇興二年十月畋於冷泉。

出帝末熙三年畋於洪池，三年二月幸洪池陂遂遊獵。

耶律氏之捕魚：契丹人之捕魚於春水，春水秋山，四季捺缽文，已由傅樂煥論及，筆者特論契丹人之鈎魚，遼史記載鈎魚有十二次之多。

太祖（阿保機）九年冬十月戊申鈎魚于鴨綠江。

太宗天顯十一月正月釣（鈎）魚于土河。

太宗會同二年十二月庚子鈎魚于土河。

景宗保寧七年鈎魚于土河。

聖宗統和五年三月幸長春賞花鈎魚，以牡丹徧賜近侍。統和七年十二月寅鈎魚于沈子濼（泊）。統和廿七年正月鈎魚于土河。開泰二年秋七月鈎魚于曲溝。太平二年如納水鈎魚。

道宗清寧四年如鴨子河鈎魚。咸雍三年正月御安流殿鈎魚。

天祚帝天慶正月鈎魚于鴨子河。

契丹之主鈎魚場，多于土河與鴨子河（即混同江）之地。

一、獸 獵

（一）托跋氏之獸獵：主要上山打野獸，其獵野獸主要爲獵鹿。

魏太祖（道武帝）皇始元年正月，大蒐（獵）於定襄（山西忻縣東北五十五里）之虎山。天興六年七月於材山，天賜三年校獵屋孤山。

魏明元帝永興四年春正月癸未登團射虎，七月已卯大獮於石會山。泰常元年七月帝自白鹿陂西行大獮於牛川登釜山。四年十二月西巡至雲中踰白道北獵於辰孤山至於黃河，從君子津，西慶大符於薛林山。六年六月西北巡至蟠羊山，七月西巡獵於祚山親射虎而中。八年三月帝由於鄴（河南臨漳縣西南四十五里）南韓陵山，幸汲郡至枋頭。

太武帝神䴥二年十一月西巡狩田至祚山而還。三年八月幸南宮。太延二年八月幸雍城，田於岐山之陽。文成帝太安三年五月畋於松山，八月畋於陰山。和平三年二月癸酉畋於崞山。

獻文帝皇興二年五月畋於崞山。

孝靜武定元年正月車駕蒐於邯鄲（河北）西山，十一月再獵於西山。

總之托跋氏狩獵之範圍，不出山西、河南、河北三省中之各山。

（二）契丹人之獸獵：契丹人四季捺鉢（春、夏、秋、冬）已由前輩學人論過，在此不贅，茲將四季捺鉢以外之山獵地，論述於后。

遼太祖三年十月丙寅朔獵寓樂山，獲野獸數千，以充軍實，十一月乙未朔獲甘州回鶻都督畢離過，因遣使諭其主烏母（古）主可汗，射鹿於烏刺邪山，抵霸石山六百餘里，且行射，日有鮮食，軍士皆給。

太宗三年三月乙卯東蒐（獲），癸亥獲殺㺚山，乙丑獵松山，四月丙申獵三山，丙午獵索剌山。天顯八年五月已丑獵獨牛，惕隱迪輦所乘騮馬斃，因賜其山曰騮山。天顯十年七月獵南赤山。會同元年二月丁酉獵於松山，三年秋獵猾底烈山，八年七月獵平地松林。

穆宗應曆二年九月壬戌獵炭山，十二月獵於近郊，七年十二月獵七鷹山，八年獵於拽剌山，迄於九月射鹿諸山不視朝、十一年四月射鹿不視朝、十二年秋如黑山、赤山射鹿、十三年三月殺鹿入彌里吉梟首，以示掌鹿者（女眞人）六月近侍傷獐杖殺。獐人霞馬，八月甲申以生日縱五坊鷹鶻，幸近山呼鹿射之，十二射野鹿，賜虞人物有差。十四年二月支解鹿人没里海里等七人於野封土識其地，五月射鹻鹿於白鷹山，六月獵於玉山，竟月忘返，八月如磴子嶺呼鹿射之，賜虞人女環等物有差、十五年三月虞人沙刺迭偵鵝失期，加炮鐵梳之刑而死、十六年觀野鹿入鹿群，立馬飲晡，九月殺狼人袞里、十七年四月殺鷹人敵魯，五月殺鹿人扎葛，九月獵於黑山、赤山於月終。十八年三月鶻人胡特魯，四月殺彘人抄里只，五月殺鹿人，九月獵於西京諸山。十九年三月如懷州獲熊，蕭思温與夷離畢牙里斯等進酒上壽，帝醉還宮，是夜爲庖人斯奴古所弑。（遼史蕭思温傳）穆宗整年在山中行獵，以鹿（虞）人、鶻人、獵人、狼人、彘（豬）人爲嚮導，可謂名符其實之遊牧可汗。

景帝保寧六年七月獵於平地松林，九月十二月獵於近郊，以獲獸類祭天。於乾亨四年九月獵於祥古山。

聖宗統和元年八月獵於赤山，遣使荐熊脂鹿脯於乾陵之凝神殿，五年獵於平地松林，七年十二月獵於好草嶺，十二年十月獵可汗州之西山，廿九年秋獵於平地松林。開泰元年正月獵曷魯林，四年幸秋山自八月至九月射鹿，並連獵松山諸山中，五年七月獵於赤山，並及於松山。太平三年七月獵於赤山，六、七年並獵於平地松林。

興宗重熙元年七月獵於平地松林，四年七月獵於黑嶺，五年九月獵於黃花山，獲熊三十六，賞獵人有差，六年四月獵於野孤嶺，並獵於龍門縣西山，七年四月獵白馬堝及新綻井金山，十年九月獵馬盂山，十六年七幸慶州，幸慶州至九月射獵諸山，十八年正月獵於霸特山。

道宗清年九年七月如太子山，咸雍四年正月獵炭山，七月獵黑嶺，八年七月射雄於羖羊山。太康元年七月獵平地松林，五年七月獵夾山，六年獵於沙嶺，七月八月射鹿赤山，九年七月獲馬尾山，九月射熊於白石山。大安七月獵於赤山，三年獵沙嶺，三年七月獵黑嶺，五年四月獵北山，七月獵沙嶺，九年四月獵西山，十年七月獵赤山。壽昌元年七月獵沙嶺，二年七月獵赤山，三年獵黑嶺。

天祚帝乾統二年七月獵黑嶺，四年正月獵木嶺，七月獵南山，五年四月獵炭山，六年七月獵鹿角山，七年十月獵醫巫閭山，十年四月獵於北山。天慶二年七月獵南山，三年正月獵狗牙山，大寒獵人多死。七年獵秋山及狘斯那里山、輞子山，八年七月獵秋山，九年七月獵南山，十年秋獵沙嶺，保大元年七月獵於炭山。

綜上所觀，遼太祖獵於寓樂山、烏刺邪山、霸石山。太宗獵於羖䍽山、松山、索剌山、南赤山、猾底烈山、平地松林。穆宗獵於炭山、拽剌山、黑山、赤山、白鷹山、玉山。景帝獵於平地松林、祥古山。聖宗獵於赤山、西山、黑嶺。興宗獵於平地松林、黑嶺、黃花山、野狐嶺、西山、金山、霸特山。道宗獵於太子山、炭山、黑嶺、羖羊山、平地松林、夾山、沙嶺、赤山、馬尾山、白石山、赤山、沙嶺、西山、赤山。天祚獵於黑嶺、木嶺、南山、炭山、鹿角山、醫巫閭山、北山、南山等山。

六魏托跋與遼捺鉢關係：魏托跋氏系出鮮卑，鮮卑之鮮卑山，而卑爲伯之義，鮮卑之卑與契丹之鉢同義。托跋氏：「北俗謂土爲托，謂后爲跋。」（註二二四）托跋氏固然爲氏族之名，然托跋氏之跋，原爲魃是土地之神，因之托跋氏可能爲祭祀神壇或是祖廟。（註二二五）賀蘭爲代之東部。（註二二六）賀蘭氏後改爲賀氏。（註二二七）因部族之大，稱爲大賀氏。（註二二八）大賀氏爲契丹第一族系，故兩者關係密切。「遼人居有宮衛，謂之韓魯朶；出有行營，謂之捺鉢。」（註二二九）捺鉢是「遼人四時，各有行在」（註二三〇）捺鉢爲契丹隨地遷徙，隨遇而安，安土重遷，由行部變爲邑國。故跋與鉢是隨地播遷，隨時播遷，無時不有鉢，無地不有鉢，鉢（跋）者爲文化之緣起。兩者關係密切。

【附註】

註一：馬長壽著：烏桓與鮮卑頁二十三。

註二：同前書頁十三。

註三：史記卷百十匈奴葉五上：索隱曰服虔云：東胡烏丸之先，後爲鮮卑在匈奴之東，故曰東胡；漢書匈奴傳上所引同。

註四：馬長壽著：頁二：因爲史記與漢書都曾提到鮮卑興起之事蹟。

註五：史記卷一百十匈奴傳葉三上。

註六：馬長壽著：烏桓與鮮卑頁二。

註七：後漢書卷、鮮卑傳、葉八上。

註八：三國志卷三十魏志鮮卑傳葉五上。

註　九：晉書卷百八慕容廆載記八葉一上。
註一〇：魏書卷一〇八、禮志四之一第十、葉八上下；何秋濤撰：朔方備乘卷三一札記葉五下。
註一一：程發軔著：西伯利亞命名考，學術季刊卷一頁九六。
註一二：同前書。
註一三：熱河志卷六十八、山四、葉一上。
註一四：大清一統志冊一九四卷五三四葉二三上頁六七九。
註一五：顧祖禹撰：讀史方輿紀要卷十八葉四四上。
註一六：張穆撰：蒙古游牧記卷一科爾沁葉四上；大清一統志卷五三七葉四上頁六八二三。
註一七：佚名撰，東北輿地釋略卷二葉九下—十上。
註一八：五原廳志山川頁五。
註一九：鐵嶺縣志卷上葉五上。
註二〇：曹廷杰撰：東北邊防輯要卷下葉十五上—下。
註二一：清史卷五八地理志四頁八五七。
註二二：魏書一序紀一葉一上—二上。
註二三：丁謙撰漢書匈奴傳考證，蓬萊軒地理學軒叢書頁七三。
註二四：史記卷一百十匈奴列傳、葉十五下—下。

註二五：漢書卷九四匈奴列傳、上葉十二下。

註二六：王國維著胡服考，觀堂集林冊頁一〇七二—三。

註二七：白鳥庫吉著：東胡氏族考：地學雜誌一七二期頁四三。

註二八：同前書。

註二九：張穆撰：蒙古游牧記十二頁五四二—四。

註三〇：段玉栽撰：說文解字注十一下頁五八八。

註三一：許愼同前書篇十上頁四六五。

註三二：春秋經傳集解哀公下卷三十葉一上頁四一二。

註三三：北魏書卷九五列傳葉十八下，北史卷九三葉一下。

註三四：朔方道志卷三志餘上歷史葉三下；寧夏新志卷二葉七下頁三二三。

註三五：三國志魏志三十鮮卑引王沈：魏書葉五下。

註三六：後漢書鮮卑傳葉九下。

註三七：三國志魏志鮮卑葉六上—下。

註三八：大清一統志卷五三七葉四上；蒙古游牧記引同。

註三九：杜佑撰：通典邊防十二頁一〇六二。

註四〇：馮家昇著：述東胡系之明族，鮮卑條，禹貢半月刊卷三其八頁三六〇。

註四一：三國志魏志軻比能傳葉七下—八上。

註四二：同前書葉六下引王沈：爲書云：

註四三：同前書。

註四四：同前書葉六下—七下。

註四五：同前書葉八上—九下。

註四六：遼史卷卷六三世表一葉二上。

註四七：通鑑卷一一四晉安義熙元年（四〇五）十二月頁三五八八。

註四八：馬長壽著：烏桓與鮮卑頁一九八。

註四九：馮家昇著：契丹名號考釋，燕京學報期十三頁七。

註五〇：三國志三十魏志鮮卑傳三十葉六上引王沈：魏書云：

註五一：方壯猷著，鮮卑語言考，燕京學報期八頁一四三六。

註五二：晉書百八載記八葉一上頁五七一八。

註五三：通鑑卷八一頁二五七六，晉紀三武帝太康二年（二八一）

註五四：晉書同引。

註五五：方壯猷著：鮮卑語考，燕京學報期八頁一四三六—一四三七。

註五六：晉書卷百八載記八葉一上。

註五七：宋書卷九六鮮卑吐谷渾列傳五六葉一上。

註五八：白鳥庫吉著東胡民族考，地學雜誌民國二四年期二頁四十九。

註五九：遼字長音讀：歷林（即移剌）口（通鑑卷九五，成帝咸和二年春謂之梁房口（見遼志）爲遼河入海口，亦今之營口也。遼字之音，引長讀之，即爲歷林，梁房，實即遼口：金毓　撰慕容氏與高句驪，禹貢半月刊卷七期一、二、三，頁一八五—六；巨河流今稱遼河，曹廷杰撰東北邊防輯要卷上葉三上。

註六〇：鮮卑拓地於東西，東抵遼西，西紇酒泉（近西域之地）金毓黼撰：東北通史卷二葉三四頁一五四。

註六一：彭大雅撰：黑韃事略箋葉十八上頁四九九。

註六二：三國志魏志鮮卑傳引王沈：魏書（葉五上）

註六三：後漢書鮮卑傳八十葉八上—下。

註六四：顧祖禹撰讀史方輿紀要卷七八直隸九葉四五上頁三九九。

註六五：熱河志卷七十水二葉五上—下頁二四六九—七〇。

註六六：杜佑撰：通典卷一九六邊防十二頁一〇六一。

註六七：同前書卷二百邊防十六頁一〇八三。

註六八：白鳥庫吉著：東胡民族考，地學雜志，民國廿四年，期一，頁頁五八—九。

註六九：遼史卷三二部族志上葉四上—下；遙輦氏　……有地遼西（饒樂水在其間）按即遙輦氏在此河左

右，故名饒樂水。饒樂水即今日之西剌木倫，西剌即移剌之義，按移剌即天之義，見大賀氏來源之論證。降而生商。其觀念爲之來源。

註七〇：陳毅著：魏書官氏志疏證：莫輿氏後改爲輿氏條：方壯猷撰鮮卑語言考，燕京學報期八頁一四三七。

㈠女真語謂富曰伯羊（見華夷譯語及德國grube氏著女真語言文字考（Die Sprache und Schrift der jucen,P. 49）

㈡通古斯語謂富曰Bayan（見德國Castren氏著Vorlesungen ″uberdie Altaischen V″olker,P. 167）

蒙古語謂富曰Bayan（見Gurbe所著哥底語字典頁一〇九）

註七一：馬長壽著：烏桓與鮮卑頁十三。

註七二：宋書卷九五索虜列傳五五葉一上頁七一七七。

註七三：南齊書卷五七魏虜傳三八葉一。

註七四：魏書序紀一葉一上—四上。

註七五：程發軔著：西伯利亞名考，學術季刊卷五期一頁一〇三。

註七六：彭大雅撰：黑韃事略蒙古史略四種頁四九九。

註七七：魏書序紀葉一上—四上。

註七八：元和姓纂九頁十。
註七九：魏書序紀一葉六下、七下。
註八〇：馬長壽著：烏桓與鮮卑頁二四五。
註八一：周書卷一文帝紀上葉一上―下。
註八二：馬長壽著：烏桓與鮮卑頁四。
註八三：凌純聲著：松花江下游的赫哲族上冊頁二〇三―四。
註八四：馮家昇著：述東胡系之氏族，禹貢半月刊卷三期八頁三五六。
註八五：北史九八高車列傳八六葉二三上―二六上。
註八六：魏書一百三高車頁二二上―下
註八七：魏書四四宇文福傳頁十七下。
註八八：晉書百八慕容廆載紀八葉一下。
註八九：通鑑卷八二晉武帝太康十年（二八九）頁二五九三。
註九〇：遼史六三世表一頁二下。
註九一：通典卷一九六邊防十二頁一〇六二。
註九二：魏書卷百十三官氏志、葉三八下―三九下。
註九三：同前書葉二下。

註九五：同前書葉六上。
註九六：衛挺生著：穆天子傳今考中冊內篇頁二三二。
註九七：後漢書卷八九南匈奴傳葉四下—五上。
註九八：魏書百十三官氏志葉二下。
註九九：同前書長孫嵩傳葉一下。
註一〇〇：魏書卷二一上北海王詳傳上葉三六下—三七上。
註一〇一：馬長壽著：烏桓與鮮卑頁二八七。
註一〇二：同前書。
註一〇三：同前書頁一四。
註一〇四：魏書卷二四崔玄伯傳葉十六上—下。
註一〇五：同前書安同傳參考。
註一〇六：同前書官氏志葉六上。
註一〇七：馬長壽同前書。
註一〇八：魏書百十三長孫嵩傳葉一下。
註一〇九：清代萬斯同撰：魏將相大臣年表，在神瑞元年下：除悉斤、長孫嵩、安同、崔鈞外，尚有車騎將軍茍孤、衛騎將軍叔孫俊、上將軍赫連若豆根、中書監穆觀。上述三軍職中何職相當于大司馬及大將軍，則不可知。考魏書：茍頵傳附孤傳及叔孫俊傳，皆無稱「公」事。故八公中之其它三公頗難考訂。

註一一〇：晉書職官志：晉受魏，因其制。以安明王孚爲太宰，鄭沖爲太傅、王祥爲太保、義陽王望爲太尉，何曾爲司徒，茍爲司空、石苞爲司馬、陳騫爲大將軍，凡八公，同時并置，維無丞相焉。

註一一一：魏書卷百十三官氏志、葉六上。

註一一二：魏書卷廿六尉眷傳、四葉八上—下。

註一一三：魏書卷百十三官氏志、葉四六上下。

註一一四：馬長壽著：烏桓與鮮卑頁十六。

註一一五：魏書卷五八楊椿傳、葉十一下—十二上。

註一一六：魏書卷二太祖二葉廿九上。

註一一七：通典卷三四職官十六勛官條。

註一一八：魏書卷二五長孫嵩傳。

註一一九：魏書官氏志百十三：魏書爾朱榮傳葉一下。

註一二〇：北史卷六十論曰：周書卷十六史臣曰：資治通鑑卷一六三，梁紀，大寶元年條。

註一二一：陳寅恪著：隋唐制度略論稿章六頁十六。

註一二二：史記一一〇匈奴傳葉一上；漢書九四匈奴傳葉一上。

註一二三：王國維著：觀堂集林頁五九二。

註一二四：白鳥庫吉著：東胡氏族考，地學雜誌一七二頁三四—三八。

註一二五：馬長壽著：烏桓與鮮卑頁十三。

註一二六：北魏書卷九五鐵弗傳、葉十八下；北史、朔方道志同引。

註一二七：朱希祖著：西魏賜姓源流考，張菊生先生七十生日紀念論文集頁五三〇。

註一二八：史記卷百十匈奴傳葉一上，葉廿四上—下。

註一二九：後漢書九十鮮卑傳葉八上。

註一三〇：史記匈奴傳葉廿四下。

註一三一：何秋濤撰：朔方備乘卷三一札記葉五下。

註一三二：曹廷杰撰：東北邊防輯安卷下葉十五上—下

註一三三：史記卷百十匈奴傳葉八下；漢書卷九四匈奴傳上葉六上。

註一三四：白鳥庫吉著：東胡民族考，地學雜誌期一七二頁二七。

註一三五：後漢書八九南匈奴傳、葉十五上。

註一三六：後漢書九十鮮卑傳、葉九下。

註一三七：梁沈約撰：宋書：索虜傳謂：匈奴有百千種，各立名號，索頭亦其一也；梁蕭子顯撰：南齊書、魏虜傳：魏虜、匈奴種也。……（什翼犍）后還陰山，爲單于，領匈奴諸部。

註一三八：馬長壽著：烏桓與鮮卑頁二四八—二五〇。

註一三九：史記卷百十匈奴傳、葉十一下。

註一四〇：漢書卷九四匈奴傳上、葉八下。

註一四一：後漢書卷九十烏桓傳、葉四上；前漢書五四蘇建傳、葉下—十九上。

註一四二：三國志三十魏志、烏桓傳（引王沈魏書）葉二下。

註一四三：丁謙撰：三國志附魚豢魏略考證，蓬萊軒地理學叢書頁四三〇；新唐書回紇傳考證頁七九〇：丁零分徙至金山南鹿渾海濱號西丁零（見魏明前引）。

註一四四：魏書百十三高車傳葉廿六上下、廿八上。

註一四五：洪鈞撰：元史譯文證補卷廿四頁三三四—五。

註一四六：丁謙撰：漢書匈奴傳考證，蓬萊軒地理學叢書頁七三—四。

註一四七：巴克爾著：黃淵靜譯：韃靼千年史頁一一一。

註一四八：北史九九鐵勒傳、葉十九下；隋書八四鐵勒傳葉十八上—下；丁謙撰隋書鐵勒傳考證頁七一八—九。

註一四九：北史九九鐵勒傳葉十九下。

註一五〇：唐書鐵勒傳一四九下。

註一五一：丁謙撰：隋書鐵勒考證，蓬萊地理學叢書七二一。
註一五二：史記卷百十匈奴傳葉十一下。
註一五三：魏書百十三高車傳、葉廿六上—下。
註一五四：凌純生著：中國邊疆民族，邊疆文化論集頁十一；芮逸夫著：中國民族，中國文化論集頁三四；劉義棠：中國邊疆民族史頁二三〇。
註一五五：丁謙撰：新唐書回紇等國傳地理考證葉八下—九上，蓬萊地理學叢書頁八〇〇—一；李符桐著：邊疆歷史頁一五九；劉義棠著：中國邊疆民族史頁二三四。
註一五六唐書一〇九契苾何力傳；新唐書卷三十五契苾何力傳；唐書卷三太宗紀；張建國著：唐代著臣蕃將考頁二〇〇。
註一五七：新唐書卷三十五契苾何力傳葉四下。
註一五八：魏書卷百十三官氏志葉四十五下。
註一五九：史記匈奴傳葉十一下。
註一六〇：通鑑卷九四晉紀十六成帝咸和五年頁二九七七。
註一六一：通鑑卷一〇五晉紀二七孝武太元八年頁三三一七。
註一六二：通鑑卷一〇五晉紀二七晉孝武帝太元八年頁三三一九。
註一六三：同前書頁三三二〇。

註一六四：晉書一一五慕容丕葉一下。
註一六五：通鑑卷一〇六晉紀二八孝武帝太元十年頁三三四三。
註一六六：晉書慕容儁載記十葉五上。
註一六七：魏書序紀一葉十八上。
註一六八：同前葉十九上。
註一六九：同前葉十九下—二十上。
註一七〇：魏書太祖紀二葉上—下。
註一七一：魏太祖紀二葉十三下。
註一七二：晉書一二四慕容寶載記二四葉二上。
註一七三：魏書二六長孫肥傳葉二上—下。魏書二九悉斤傳葉一下、葉四下—五上。
註一七四：魏書二八莫題傳、葉三下—四上。
註一七五：魏書卷二葉二十上—二一上—下。
註一七六：同前書葉二五下。
註一七七：魏書卷二太祖、葉二七下。
註一七八：魏書卷三太宗葉三上。魏書卷三十安同傳葉六上。
註一七九：同前書葉七下。

註一八〇：魏書卷三十周幾傳葉二三下。
註一八一：魏書卷五一韓茂傳、葉一上。
註一八二：魏書卷三太宗、葉十上。
註一八三：魏書卷三太宗紀、葉十二上。
註一八四：魏書卷三太宗紀、葉十二下—十三上。
註一八五：魏書卷三太宗紀、葉七上—下、八上。
註一八六：同前葉十五下。
註一八七：魏書卷四世祖四下葉十一下。
註一八八：魏書卷五高宗、葉六上。
註一八九：魏書卷六顯祖、葉八上。
註一九〇：魏書卷七高祖紀上葉三上。
註一九一：魏書卷八世宗、葉十八下、葉二四下。
註一九二：魏書卷九肅宗、葉十上、葉三十上。
註一九三：魏書卷九五傳八三葉十八下；朔方道志卷卌、北史、通鑑同引。
註一九四：張穆撰：蒙古游牧記一科爾芯葉四上；嘉慶重修大清一統志同引。
註一九五：箭內　著：元代之官制與兵制，滿鮮地理歷史研究報告輯八頁三〇一。

註一九六：莊吉發著：清高宗兩定準噶爾始末，故宮文獻卷四期二頁卅八。
註一九七：白鳥庫吉著：東胡民族考，地理　誌期一七二頁三九。
註一九八：同前書頁二十九。
註一九九：鳥田正郎著：亞細亞之歷史頁一七九，遼的社會與文化頁五。
註二〇〇：札奇斯欽著：蒙古之今昔頁一三一。
註二〇一：魏書卷一一二，靈徵志葉一上。
註二〇二：魏書卷一—序紀，葉二—三。
註二〇三：東齋紀事卷五，葉一上；東都華略卷一二三，附餘一，葉二下；契丹國志，初見本末條。
註二〇四：魏書卷八十三，賀訥傳。
註二〇五：角鑑卷九一，頁二八九一。
註二〇六：通鑑卷九三，頁二九三九。
註二〇七：魏書卷一，序紀一。
註二〇八：通鑑卷九四，頁二九七三。
註二〇九：通鑑卷一〇三，頁三二四六。
註二一〇：魏書卷八三，賀訥傳。
註二一一：魏書卷一一三，官氏志。

註二一二：魏書卷二五，長孫嵩傳。

註二一三：魏書卷二一，北海王詳傳上・魏書卷二〇　，王澄傳同。

註二一四：魏書卷一百，契丹傳，遼史卷三二，部族上。

註二一五：魏書序紀，葉十三上。

註二一六：魏書卷一一三，官氏志。

註二一七：魏書卷八三，賀訥傳。

註二一八：魏書卷一一三，官氏志。

註二一九：五代史記卷五二，五卷附錄，契丹傳。

註二二〇：遼史卷四十五，百官一，葉一上下。

註二二一：元好向撰：漆人郡侯耶律公墓誌銘，金文最卷四十五。

註二二二：魏書卷一，序紀，葉一上。

註二二三：遼史卷六十八，遊幸表，葉一上。

註二二四：遼史卷六十八，遊幸表，葉一下—二下。

註二二五：魏書卷一，序紀一，葉一。

註二二六：魏書卷一〇八，禮志四之一，葉八上下。
魏書卷八三賀訥傳。

註二二七：魏書卷一一三，官氏志。

註二二八：五代史記，四夷附錄，契丹傳。

註二二九：遼史卷三十二，營衞，葉一上。

註二三〇：遼史卷三十二，行營，葉一下。

下篇　契丹族系源流考

第一章　大賀氏族系

第一節　賀蘭氏族系

契丹族系共分三系，一爲大賀氏，二爲遥輦氏，三爲迭剌氏，在未述及大賀氏之前，首先要瞭解賀蘭氏之源流及其族系爲大賀氏之由來。茲分述如下：

第一目　賀蘭氏之源流

一、賀蘭氏來源：大賀氏來自賀蘭部：魏書官氏志：

賀蘭諸部氏，北方賀蘭後改爲賀氏。（註一）

賀蘭氏之來源：周書卷二十賀蘭傳：

賀蘭祥字盛樂，其先與魏俱起有紇伏者，爲賀蘭莫何弗，因以爲氏。（註二）

賀蘭氏其先與魏俱起有紇伏者，因之賀蘭氏與魏之托跋氏有著密切之關係，紇伏者莫非爲何（賀）

弗。至於賀蘭氏之義，見元和姓纂卷九賀蘭條：代居元朔，隨魏南遷河洛，魏以忠貞爲賀蘭，因以爲氏，孝文時，代人咸改單姓，唯賀蘭不改。（註三）

第二目　賀蘭氏與拓跋氏之關係

賀蘭氏與托跋氏有著密切關係，魏書序紀一：

煬帝紇那三年翳槐（鬱律子），居於舅賀蘭部，帝遣使求之，賀蘭帥葛頭擁護不遣，帝怒召宇文部，并勢擊葛頭，宇文衆敗，帝還都大寧（今熱河省平泉縣）。（註四）

通鑑卷九三：

（晉）成帝咸和二年（三二七）後趙中山公虎擊代王紇那（煬帝）……紇那兵敗，徙都大寧以避之。代王鬱律之子翳槐居於其舅賀蘭部，紇那遣使求之，賀蘭大人藹頭擁不遣。紇那與宇文部共擊藹頭不克。（註五）

鬱律氏取賀蘭氏之女，其子翳槐得舅家賀蘭氏之助才得保全，故還大寧。鬱律與賀蘭部有著婚姻之密切關係。

翳槐終借其舅賀蘭氏之力立爲代王，魏書序紀一：

煬帝五年（三二九）出居宇文部，賀蘭及諸部大人共立烈帝（代王）。（註六）

通鑑卷九四：

（晉）成帝咸和四年，賀蘭部及諸大人共立拓拔翳槐爲代王，代王紇那奔宇文部。翳槐遣其弟

什翼犍質于趙石虎以請和。（註七）

鬱律之子翳槐終依其舅賀蘭氏之助，爲諸大人共推爲代王。

第三目　賀蘭氏與慕容氏之關係

賀蘭氏與慕容氏之關係，卷一〇九：

諸部離解謂賀蘭，紇鄰、紇奚三部。（註八）

魏書太祖紀二：

魏太祖登國五年四月幸辛意山與賀麟討賀蘭，紇突、紇奚諸部落大破之。（註九）

魏書官氏志：

賀蘭諸部氏、北方賀蘭氏、紇奚氏。（註一〇）

周書賀蘭祥傳：

賀蘭祥字盛樂，其先與魏俱起，有紇伏者，爲賀蘭莫何弗，因以爲氏。（註一一）

晉書卷一二十三慕容垂傳：

垂以太元十一年即位……改元建興……（以子）慕容麟爲衛大將軍。（註一二）

晉書慕容垂子爲慕容麟，然魏書卷二太祖紀：

魏太祖登國二年二月幸寧川，五月遣行人安同徵兵於慕容垂，垂使子賀驎率衆來會。六年六月慕容賀驎破賀訥於赤城，帝（太祖）引兵救之，驎退走。

晉書稱慕容垂子爲慕容麟，而魏書稱其子爲賀驎，或稱慕容賀驎，慕容氏於前章考定亦稱奕洛，而賀驎恐與賀蘭姓氏有關。因之賀蘭氏爲托跋氏鬱律之舅家，賀蘭氏與托跋氏在血緣上有著密切之關係。而慕容氏垂與托跋氏珪亦有著舅甥之關係，這種關係恐是兩半部制所形成的。

第四目　賀蘭山

魏太祖道武帝登國六年（三八六年）劉顯逼南境，帝慮內難及北踰陰山，幸賀蘭部阻山爲固。陰山北麓爲大青山。居賀蘭山下，因以爲氏。

晉孝武帝太元十五年（三九〇）六月，魏王珪會趙麟於意辛山（意辛山在牛川（今北德基欽河）北。（註一三）賀蘭部所也。據北史，踰陰山而北，即賀蘭部）擊賀蘭、紇突鄰、紇奚三部破之。紇突鄰、紇奚皆降於魏。（註一四）

賀蘭山在保靜縣（原賀蘭縣）西九十三里，山有樹木青白望如駮，北人（胡人）呼駮馬爲賀蘭。（註一五）

太平寰宇記卷卅六：

賀蘭山在保靜縣西九十三里山上，多有白草，遙望青白如駮馬爲賀蘭，鮮卑之類，多依山谷爲氏族，今賀蘭姓者，因此山名。（註一六）

賀蘭部據通鑑載住在陰山之北，即綏遠北境。據元和郡縣志與太平寰宇記所載賀蘭山在寧夏省之東境，賀蘭山爲賀蘭部曾住過是無疑，賀蘭部族爲鮮卑之類，多依山谷爲氏族，今賀蘭姓者，因此山名。

陰山非綏遠北之陰山，突厥集史卷十四：

陰山應在新疆，非陝北綏遠之陰山。（註一七）

姚從吾氏著耶律楚材西遊錄足本校注：

崑崙山是我國有名的幹山，有廣狹二義。廣義指崑崙本支及所屬各山脈，總稱爲崑崙山系。狹義指本文前幾節所說的陰山、天山等。（註一八）

清史卷五十八：

崑崙山脈南幹，爲涼州南山，爲賀蘭山，爲陰山，爲內興安嶺。北幹爲蔥嶺、爲天山、爲阿爾泰山、爲肯特山、爲外興安嶺。（註一九）

突厥集史云陰山應在新疆，非陝北綏遠之陰山。姚從吾氏耶律楚材西遊錄足本注云：廣義總稱崑崙山，狹義崑崙亦可稱爲陰山或天山。據清史卷五八：崑崙山脈南幹，爲涼州南山、爲賀蘭山、爲陰山，爲內興安嶺。可統論爲崑崙山南幹。崑崙山爲群山之祖，爲橫之義：漢書西域傳地理考證：

古皆稱崑崙爲群山之祖。……且崑崙譯義爲橫（三國語解：昆都侖橫也，崑崙即昆都侖之省文）。和闐南山由西而東，千餘里不斷，爲回部與唐古忒天然界限，正合橫字之義。……崑崙之西，與蔥嶺接連，故蔥嶺亦或稱爲崑崙。（註二〇）

海國圖志卷四十六釋昆侖上：

奏言貴德堡西有三支河名昆都倫，蒙古謂横爲昆都倫，言有三横水入於河也。然則回部所謂昆侖山者，亦當爲横嶺。（註二三）

崑崙山既爲群山之祖，其義爲横，西自葱嶺延至涼州之南山、賀蘭山、陰山、興安嶺，其意義非常之重大，因北方遊牧民族之賀蘭部族，春夏季可至崑崙山北，一望無壤之大草原牧畜，至秋冬將群畜驅至山南避風雪，以保温暖，延續其生存。使牲畜更加繁殖。

第二節　北周之賀蘭族系

北周時賀蘭氏較顯赫者計有賀蘭祥、賀蘭願德、賀蘭隆、賀蘭謩等，玆分述如下：

賀蘭祥：周書卷二十，賀蘭傳

賀蘭祥字盛樂，其先與魏俱起有紇伏者，爲賀蘭莫何弗，因以爲氏，其後有以良家子，鎮武川者，遂家焉。父初真、少知名爲鄉閭所重，尚太祖姊建安公主。保定三年追贈太傅柱國常山郡公。祥年十一而孤，居喪合禮，長於舅氏，特爲太祖所愛，雖戎旅，常博延儒士教以書傳。祥少有膽氣，志在立功，尋擢都督恒帳下，從平侯莫陳悦。又迎魏孝武，以前後功封撫夷縣伯，邑五百戶。乃從擊潼關獲東魏將薛長孺，又攻洛城拔之，還拜左右直長，進爵爲公，增邑并前一千三百戶。九年與太祖與東魏戰於邙山進位驃騎大將軍開府儀同三司加侍中。十四除都督三荆南、襄南、雍、平、信江、隨、二郢、浙十二州諸軍事，荆州刺史進爵博陵郡公。先是祥嘗行荆州事，雖期月，頗有惠政，至是重任，百姓安之。由是漢南流民襁負而至者，日有千數，遠近蠻夷，莫不款附，隨機撫納，咸得其歡心，時盛夏亢陽，祥乃親巡境內，觀政得失，見有發掘古冢，暴露骸骨者，及謂守令曰，此豈仁者之爲政耶，於是命所在收葬之，是日澍雨。……祥雖太祖密戚，性甚清素。州境南接襄陽，西通岷蜀，物產所出，多諸珍異，時既與梁通好，行李往來，公私贈遺，一無所受。梁雍州刺史，岳陽王蕭詧，欽其節儉，乃以竹屏，風絺綌之屬及以經史贈之，祥難違其意，取而付諸所司。太祖後聞之，並以賜祥。……近村源國公邑萬戶（周武帝），保定四年（五六四）薨，年四十八贈使持節太師同岐等十二州諸軍事同州刺史，謚曰景有七子敬、讓、師、寬知名。（註二三）

賀蘭祥可謂之周初人，爲人勇敢善戰，潔身自好。

賀蘭願德：周書二十二揚寬傳：

蕭循固守南鄭十七年，寬從大將軍達奚武討之。梁武陵王蕭紀遣將揚乾運，率兵萬餘人救循。武令寬督開府王傑，賀蘭願德等邀擊之，軍至白馬與乾運合戰破之，俘斬數千人。（註二四）

賀蘭隆，周書四十七姚僧垣傳：

大將軍襄樂公賀蘭隆先有氣疾，加以水腫，喘息奔急，坐卧不安。或有勸其服濟決命大散者，其家疑未能決，乃問僧垣，僧垣曰意謂此患不與大散相當，僧垣爲處方，勸使急服，便即氣通，更服一劑，諸患悉愈。（註二五）

賀蘭𧂭，周書紀八孝靜帝：

孝靜帝大象二年以賀蘭　郕國公爲上柱國。（註二六）

北周時賀蘭氏官居要職者計有涼國公賀蘭祥、開府賀蘭願德、大將軍襄樂公賀蘭隆、郕國公上柱國賀蘭。

第三節　隋唐之賀蘭族系

隋朝賀蘭氏較顯者有賀蘭蕃，隋書趙才傳：

仁壽大業間有蘭興浴，賀蘭蕃俱爲武侯將軍，剛嚴正直，不避強禦，咸以稱職知名。（註二七）

隋朝爲北朝系統，賀蘭蕃爲武侯將軍，剛嚴正直，不避強禦，咸以稱職知名。

唐朝亦北朝系統，然網羅漢與胡各方之人才，中賀蘭氏計有：賀蘭僧伽、賀蘭整、賀蘭楚石、賀蘭越石、賀蘭爽、賀蘭翁之、賀蘭敏之、賀蘭賁、賀蘭進明、賀蘭正元、賀蘭進興、賀蘭忠肅、賀蘭靜、賀蘭元㧜、賀蘭寡悔、賀蘭務温、賀蘭琬、賀蘭琬憲、賀蘭迪等，玆分述如左：

賀蘭僧伽，新唐書公主傳：

房陵公主始封永嘉，下嫁竇奉節，又嫁賀蘭僧伽。（註二八）

賀蘭整，唐會要卷廿一陪陵氏條：

賀蘭整大將軍，陪葬昭陵。（註二九）

賀蘭楚石，舊唐書列傳十九侯君集：

君集子壻賀蘭楚石，時爲東宮千牛。（註三〇）

賀蘭越石，舊唐書一八三武承嗣傳：

武承嗣荊州都督士彠之孫，則天順聖皇后兄子也，初士彠……又娶楊氏生三女，長適越王府功曹賀蘭越石。……賀蘭越石早卒，封其妻爲韓國夫人。……韓國夫人女，賀蘭氏，在宮中頗承恩寵，則天意欲除之。諷高宗幸其母宅，因惟良等獻食，則天密令人以毒藥貯賀蘭食中，賀蘭氏食之暴卒，歸罪於惟良懷運，乃誅之，仍諷百寮抗表，請改其姓爲蝮氏，絶其屬籍。（註三一）

賀蘭越石早卒，其妻韓國夫人生女仍姓賀蘭氏，在宮中頗承恩寵，則天害之，改姓蝮氏。

賀蘭爽，萬姓統譜卷一三六賀蘭氏：

賀蘭爽貞觀中自左衛中郎遷羽林將軍。（註三二）

賀蘭翁之，萬姓統譜卷一三六賀蘭氏條：

賀蘭翁之，交州刺史。（註三三）

賀蘭敏之，舊唐書卷一八三武承嗣條：

賀蘭敏之爲韓國夫人之子，爲士彠嗣，改姓武氏，累拜左侍衛，蘭台史襲爵周國公，仍會鳩集學士李嗣真、吴競之徒於蘭台刊正經史，并著撰傳記。敏之既年少，色美，蒸於榮國夫人，恃寵多懲犯，則天頗不悅之。咸亨二年榮國夫人卒，則天出內大瑞錦，令敏之造佛像追福，敏之自隱用之。又司衛少卿楊思儉女有殊色，高宗及則天自選以爲太子妃，成有定日矣，敏之又逼而淫焉，及在榮國服內私釋衰經著吉服，奏妓樂。時太平公主尚幼，往來榮國之家，宮人侍行，又嘗爲敏之所逼，俄而姦污事配流雷州，行至韶州，以馬韁自縊而死。（註三四）

賀蘭敏之年少美色，淫亂，蒸榮國夫人，姦太平公主，仍未失胡人之風。

賀爾賁，全唐文卷四〇四：

賀蘭賁玄宗擢書判拔萃科（進士），不受征判，賜田不受征稅。（註三五）

賀蘭進明，舊唐書卷一一一房琯傳：

北海太守賀蘭進明自河南至詔，授南海太守，攝御史大夫，充嶺南節度使中謝，肅宗謂之曰：朕處分房琯，與卿正大夫何爲攝也。進明進曰：琯與臣有隙，上以爲然，進明因奏曰：陛下知晉朝何以至亂，上曰：卿有說乎，進明曰晉朝以尚虛名，任王（衍）夷甫爲宰相，祖習浮華，故至於敗。今陛下方興復社稷，當委用實才，而琯性疎闊，徒大言耳，非宰相器也，陛下待琯至厚，以臣觀之，琯終不爲陛下用。上問其故：進明曰琯昨於南朝爲聖皇制置天下，乃以永王爲江南節度，穎王爲劍南節度，盛王爲淮南節度，制之命元子北略朔方，命諸王分守重鎭，且太子出爲撫軍，入曰監國，琯乃以枝庶，悉領大藩，皇儲反居邊鄙，此雖於聖皇似忠，於陛下非忠也，琯立此意，以爲聖皇諸子，但一人得天下，即不失恩寵，又各樹其私黨劉秩、李揖、劉彙、鄧景山、竇紹之徒、以副戎權，推此而言

琯，豈肯盡誠於陛下乎，臣欲正衙彈劾，不敢不先聞奏，上由是惡琯。以進明爲河南節度兼御史大夫。（註三六）

賀蘭進明，唐詩紀事卷十七：

賀蘭進明登開元十六年進士第。祿山亂，進明守臨淮，以御史大夫爲節度使。張巡睢陽之圍，遣南齊雲乞師不應，齊雲去，抽袖回射佛圖曰，吾破賊，必滅賀蘭，此矢所志也。爲詩七首（註三七）

唐會要卷七八：

賀蘭進明爲河北招討使，嶺南節度使，至德二年正月，除嶺南五府經略兼節度使，自此始有節度之號，已前但稱五府經略，自此遂爲定額。杜佑受嶺南節度使、德宗興元、朝廷故事、執政德之遺忘，舊日嶺南節度使，常兼五管經略使，佑獨不兼。（註三八）

賀蘭進明上諫言，使皇上疏房琯，除嶺南五府經略兼節度使，從此才有節度之稱。

賀蘭正元，新唐書五十九藝文志：

賀蘭正元德宗時昭義節度判官，用人權衡。（註三九）

輔佐記十卷，選舉衡鑑三卷。貞元十三年上。（註四〇）

賀蘭進興，唐書魏徵傳：徵五世孫謩爲右拾遺，中尉仇士良捕妖民賀蘭進興治反狀，帝命斬囚以徇。謩上言獄不在有司，法有輕重，何從而知，詔付御史台。（註四一）

賀蘭忠肅，文苑英華卷四。五授官制：

賀蘭忠肅授鄭王友（順、憲宗時人），黃門正議大夫，前檢校、鄭王友、緒業勳華、藝能通敏，頃陪賓友，已光侍楚之名，更復班資，載允從梁之望，可行鄭友，散宮如故之施行。（註四二）

賀蘭靜，金石萃編卷七一：

賀蘭靜父虔，任左千牛，子元悊爲潞州司。（註四三）

賀蘭寡悔，全唐文卷一九一：

賀蘭寡悔河南，參軍事，通化縣男，開國家承當歌，對酒屬賓煙霞。（註四四）

賀蘭務溫，金石萃編卷一一五郎官石柱題名。

賀蘭務溫，度支郎中。（註四五）

賀蘭琬，文苑英華卷四一九：

賀蘭門下太僕卿員外置同正員，母楊氏，封弘農郡夫人，家臨洮塞門。（註四六）

賀蘭憲，明經科（登科記考補）。（註四七）

賀蘭迪，進士出身，（登科記卷七）。（註四八）

賀蘭朋吉，唐詩記事卷五八：

客舍喜友人相訪云：荒居四無鄰，誰肯訪來頻，古樹秋中葉，他鄉病裡身，雁聲風送急，螢影月流新，獨爲成名晚，多慚見友人。

賈島寄朋吉云：往往東林下，花香似火焚，故園從小別，夜雨近秋聞。

賀蘭三見賈島訪詩云：漏鍾仍夜淺，時節欲秋分，泉聒棲松鶴，風除鹿射月雲，踏苔行引輿，枕石卧論文，即此尋常靜，來多衹是君。（註四九）

賀蘭朋吉爲隱居詩人，其熟友賈島，常往訪之。

第四節　宋之賀蘭族系

宋史只有賀蘭棲眞，宋史卷四六二賀蘭棲眞傳：

賀蘭棲真不知何許人，爲道士，自言百歲，善服氣，不憚寒暑，往往不食，或時縱酒，遊市鄽間，能啖肉至數斤。始居嵩山紫虛觀，後徙濟源奉仙觀。張齊賢與之善。景德二年詔曰師，棲身巖壑，抗志煙霞，觀心衆妙之門，脫屣浮雲之外。朕奉希夷，而爲教法，清靜以臨民，思得有道之人，訪以無爲之理，久懷上士，欲覿真風，爰命使車往，申禮聘師，暫別林谷，來儀闕庭……召師赴闕，既至，真宗作二韻詩賜之，號宗玄大師，賚以紫服，白金、茶帛、香藥，特蠲觀之，田租度其侍者，未幾求還居。大中祥符三年卒，時大雪經三日，頂猶熱，人多異之。（註五〇）　書并詩序碑。（註五一）

宋賀蘭真人隱居河北磁縣西北三十里山上，因名賀蘭山。（河北磁縣志第二章山川條）此非契丹賀蘭部原始居住之賀爾山。

賀蘭棲眞道士棲身巖壑，抗志煙霞，眞宗詔之曰師，恐不其爲契丹人，如知之，是否有此心胸。

第五節　大賀氏之族系

大賀氏源於賀蘭部，魏書卷一百十三官氏志：

賀蘭諸部氏，北方賀蘭後改爲賀氏。

五代史記卷十二「因其部族之大者稱大賀氏」（註五二）

唐代契丹族君長稱大賀氏。（註五三）唐太宗貞觀二十二年窟哥等部咸請內屬乃置松漠都督府，以窟哥爲左領軍將軍兼松漠都督無極縣男，賜姓李氏。（註五四）與孫姓族團並存。（註五五）然唐代契丹酋長始於高祖武德六年其君長咄羅遣使貢名馬豐貂。（註五六）大賀氏諸汗，遼史世表，兩唐書略述如左：一、咄羅二、窟哥三、阿不固四、盡忠五、失活六、娑固七、鬱于八、咄于九、邵固等九汗，皆大賀部之首領而爲契丹大汗者。然失活爲盡忠之從父弟，娑固爲失活之弟，鬱于爲娑固之從父弟，咄于爲鬱于之弟，邵固則咄于之弟。（註五七）六汗未出一輩，皆在開元之年，豈同時首領迭爲君長歟。阿不固爲繼窟哥之君長，曾叛於唐廷者。窟哥爲舉部內屬之君長，唐廷以爲松漠都督者。咄羅則在窟哥之前，咄羅以前之君長未見記載，由武德以至開元僅百年，是則咄羅之前，仍有若干大汗，蓋未可推知也。（註五八）

第一目　大賀氏之咄羅汗

咄羅：唐高祖武德六年：

續通志氏族略：「改咄羅爲「綽羅」，謂曰達呼哩氏（按即大賀氏）之首君，殆亦就可知者言之耳。」（註五九）

舊唐書契丹傳：「（唐高祖武德）六年其君長咄羅遣使貢名馬豐貂。」（註六〇）

唐會要卷九六契丹：「武德二年（六一九）二月遣使貢名馬豐貂。」（註六一）

第二目　大賀氏之窟哥汗

窟哥舉部內屬，遼史世表：

窟哥舉部內屬，乃置松漠都督府，以窟哥爲都督，封無極男，賜姓李氏，以達稽部爲峭落州，紇便部爲彈汗州，獨活部爲無逢州，芬問部爲羽陵州，突便部爲日連州，芮奚部爲徒河州，墜斤部爲萬丹州，伏部爲匹黎、赤山二州，俱隸松漠府。（註六二）

通典邊防契丹：

大唐貞觀二十二年（六四八）十一月，契丹帥窟哥率其部內屬，以契丹部爲松漠都督府，拜窟哥爲持節十州諸軍事松漠都督，於營州兼置東夷都護，以統松漠、饒樂之地。羅護東夷校尉官。（註六三）

唐會要卷九六契丹：

貞觀二十一年，酋長窟哥等部落咸請內附。（註六四）

契丹古匈奴之種也，其君長姓大賀氏。唐貞觀二十二年，蕃長窟哥率所部內屬，乃置松漠府，以窟哥爲都督，賜李氏。又卷九七七：

唐貞觀二十二年十一月，契丹帥窟哥，奚帥可度者，並率其部內屬，以契丹部爲松漠都督府，拜窟哥爲使，持節十州軍事，松漠都督。又以其別帥達稽部置峭落州，紇便部置彈汗州，獨活部置無逢州，芬問部置羽陵州，突使部置日連州，芮奚部置徒河州，遂斤部置萬丹州，伏部置疋黎、奕山州，各以其酋長辱紇主爲刺史，俱隸松漠焉。以奚部置饒樂都督府，拜可度爲使，持節六州諸軍事饒樂都督。又以別帥會部置弱水州，和部置祈黎州，奧失部置壞州，度稽部置大魯州，元侯析部置渴野州，亦各以其酋長辱紇主爲刺史。（註六五）（通志卷二〇〇；通考四裔考契丹同引）

冊府元龜卷九五六：

舊唐書地理志：

歸順州，開元四年（七一六）置，爲契丹松漠府彈汗州部落，天寶元年（七四二）改爲歸化郡，乾元元年（七五八）復爲歸順州。天寶領縣一，戶一千三十七，口四千四百六十九。在京師二千六百里，至東一千百一十里。（註六六）

新唐書地理志：

歸順州、歸化郡，本彈汗州，貞觀二十二年（六四八）以內屬契丹別帥析紇便部置，開元四年（七一六）更名，縣一，懷柔。（註六七）

舊唐書地理志：

沃州，天授（六九〇）中析昌州置，處契丹松漠部落，隸營州。州陷契丹，乃遷於幽州，隸幽州都督。天寶領縣一，戶一百五十九，口六百一十九。（註六八）

李窟哥松漠都督府，賜姓李，隸屬八部：達稽部、紇便（冊府元龜卷九七七：祈紇使部），獨活部、芬問部、突便部、芮奚部、墜斤（冊府元龜卷九七七：遂斤部）、伏部爲匹（疋）黎、赤山（奕山）州。以契丹酋長李窟哥爲松漠都督，以奚部置饒樂都督府，拜可度爲使，持節六州諸軍事饒樂都督，各又以其酋長辱紇主爲刺史。

第三目　大賀氏之阿卜固汗

阿卜固：舊唐書卷八三薛仁貴傳：

薛仁貴……辛文陵破契丹於黑山，擒契丹王阿卜固及諸首領。（註六九）（新唐書卷一一〇薛仁貴傳葉六下同引）

冊府元龜卷九八六：

顯慶（原作顯定、誤）五年（六六〇）五月，中略，改桓賓等爲沙磚道行軍總管，以討契丹松漠都督阿卜固，送之東部。（註七〇）通鑑卷二〇〇：

高宗顯慶五年五月代原……（中略）仍命尚書右丞崔餘慶充使，總護三部兵，奚尋遣使降。更以桓賓等爲沙磚道行軍總管，以討契丹，擒契丹松漠都督阿卜固，送東部。（註七一）

契丹酋窟哥死，繼酋阿卜固與奚叛，行軍總管阿史德、桓賓執松漠都督阿卜固，獻於東部。（註七二）

第四目　大賀氏之盡忠汗

盡忠：遼史卷六三世表：

窟哥二孫曰枯莫離，彈汗州刺史，歸順郡王，曰盡忠，松漠都督。……武后聞盡忠死。（註七三）

通典邊防門契丹：

武太后萬歲通天元年（六九六）五月，窟哥曾孫松漠都督李盡忠，與妻兄歸誠刺史孫萬榮，殺都督趙文翽，舉兵反，陷營州自號可汗。命左鷹揚將軍曹仁師，右金吾將軍張元遇，右武威將軍李多祚（據舊唐書卷一〇八，多祚代爲靺鞨酋長，新唐書卷一〇九亦有傳），司農少卿麻仁節沒于賊。李盡忠死，孫萬榮代領其衆。攻陷冀州，刺史陸寶積死亡。……萬榮爲其家奴所殺。（註七四）

張鷟朝野僉載：

天后中，契丹李盡忠，萬榮之破營州府也，以地牢囚漢俘數百，聞麻仁節等諸軍欲至，乃令守囚等紿之曰：「家口飢寒，不能存活，求待國家兵到，吾等即降。」其囚曰：「別與一頓粥！」引出安慰：「吾此無飲食養汝，又不忍殺汝，總放歸若何?」衆皆拜伏乞命，乃紿放去。至幽州，且說飢凍逗留，兵士聞之，爭欲先入。至黃麞谷，賊又令老者投官軍，送遺老牛瘦馬于道側，麻仁節等之軍，棄步卒，將先爭入，被賊設伏橫截，軍將被索絹之，生擒節等，死者填山谷，罕有一遺。

舊唐書則天皇后紀：

萬歲通天元年五月，營州城旁契丹首領松漠都督李盡忠與妻兄嫣誠州刺史孫萬榮殺都督趙文翽兵反，攻陷營州，盡忠自號可汗。乙丑（二十五日），命鷹揚將軍曹仁師、右金吾將軍張玄遇、右武威將軍李多祚、司農少卿麻仁節等二十八將討之。秋七月，命春官尚書梁王三思爲安撫使，納言姚璹（據舊唐書卷八九，璹字令璋，雍州萬年人）爲之副（新唐書卷一〇二謂『契丹李盡忠盜塞，副梁王武三思爲榆關道安撫使』）。制改李盡忠爲盡滅，萬榮爲萬斬。秋八月張玄遇、曹仁師、麻仁節與李盡滅戰於西硤石黃麞谷，官兵敗績，玄遇、仁節並爲賊所虜。九月，命右武衛大將軍建安王攸宜爲大總管，以討契丹。（中略）庚申（二十一日），李盡滅死，其黨孫萬斬代領其衆。（註七五）（舊唐書、狄仁傑、王孝傑傳、王求禮傳、新唐書回傳、唐會要卷九六契丹、冊府元龜卷九八六萬歲通天元年五月、新唐書武后紀萬歲通天元年五月壬子（十二日），又外戚傳萬歲通天初、又突厥傳：契丹李盡忠等反、又契丹傳：窟哥有二孫：

曰枯莫離，爲左衛將軍彈汗刺史，封歸順郡王；盡忠，爲武衛大將軍松漠都督，通鑑卷二〇五、卷二〇六、通考四裔考契丹上，張說：張燕公集卷十一、卷十三、全唐文卷二四三葉十四上下，舊唐書地理志義豐、信州、新唐書地理志信州條、舊唐書地理志威化，又逢龍又昌黎、新唐書地理志沃州同引，詳見楊家駱，遼史世表長箋頁三十—四十）

第五目　大賀氏之失活汗

失活開元二年至六年卒大事記：遼史卷六三世表：

開元二年，盡忠從父弟失活，率部落歸唐，失活玄宗賜丹書鐵券。開元四年，與奚長李大酺偕來，詔復置松漠都督府；以失活爲都督，封松漠郡王，仍置靜析軍，以失活爲經略史大使，八部長爲皆爲刺史，五年，以楊氏爲永樂公主，下嫁失活，六年，卒。（註七六）

冊府元龜九七七：

開元四年（七一六）九月，契丹李失活、奚李大酺各以所部來降。……（中略）失活可封松漠郡王，食邑三千，行左金吾衛大將軍。

又卷九七九：

開元五年（七一七）八月詔曰：故東平王外孫正議大夫復州司馬楊元嗣第七女（中略）可封永樂公主，出降（嫁）契丹松漠郡王李失活。婚之夜，遣諸親高品及兩蕃太守領觀花燭。（註七七）

舊唐書契丹傳：

開元三年（七一五）其首領李失活，以默啜政衰，率種落內附，失活即盡忠之從父弟也。於是復置松漠都督府，封失活爲松漠郡王，拜左金吾衛大將軍兼松漠都督，其所統八部落，各舊帥爲刺史，……失活入朝，封宗室外甥女楊爲永樂公主，以妻之。六年，失活死，上爲之舉哀，贈持進。（註七八）（通典邊防門契丹；唐會要卷九六契丹；冊府元龜卷九七七、又卷九七四、又卷九九二，新唐書契丹傳；通鑑卷二一一：開元四年秋八月；宋朝事實經略幽燕；通志卷二○○略同此引）

第六目　大賀氏之娑固汗

娑固、失活之弟，帝以娑固襲爵，娑固死，遼史卷六三世表：

娑固、失活之弟，帝以娑固襲爵，開元七年十一月，娑固與公主來朝，衔官可突于，勇悍得衆心，娑固欲除之，事泄，可突于攻之，娑固奔營州，都督許欽澹及奚君李大酺攻可突于不勝，娑固大酺皆死（韓愈作可突干、劉煦、宋祁及唐會要皆作可突于）。（註七九）

舊唐書契丹傳：

失活從父弟娑固代統其衆，遣使冊立，仍令襲其兄官爵。娑固大臣可突于，饒勇頗得衆心，娑固謀欲除之，可突于反攻娑固，娑固奔營州。都督許欽澹，令薛泰帥饒勇五百人，又徵王李大輔者及娑固合衆，以討可突于，官軍不利。娑固、大輔臨陣皆爲可突于所殺，生拘薛泰，營府

震恐。許欽澹移軍西入渝關。（註八〇）

唐會要卷九六契丹：

（開元六年）冊立其（李失活）從父弟娑固爲松漠郡王。十年（楊家駱案十年爲七年（七一九）之）十一月，娑固與公主來朝，宴於內殿。及歸，娑固衙官可突于勇悍得衆，娑固欲除之，而事泄。可突于攻之，娑固奔營州。（註八一）

冊府元龜卷九七一：

開元七年四月，契丹松漠都督李娑固遣使獻馬十匹。又卷九九九：開元七年十一月契丹松漠都督郡王娑固與永樂公主來朝。又卷九七四：景龍（楊家駱案當爲開元之譌）七年十一月壬申（十八日）松漠郡王娑固與公主俱來朝，命有司借宅給食。己未（初五，楊家駱案本案兩條紀日必有一誤），宴于內殿，賜物一千五百段，錦袍鈿帶魚袋七事。又卷九七三：開元六年（楊家駱案六年爲八年（七二〇）之譌）契丹娑固爲其臣可突于所攻，奔營州。都督許欽澹令薛泰帥驍騎勇五百人，徵奚王李大酺及娑固，合衆以討可突于，官兵不利，娑固、大酺臨陣被殺。（註八二）

新唐書契丹傳：

（開元五年）以其（失活）弟中郎將娑固襲封及所領。明年（六年、七一八），娑固與公主來朝，宴賚有加。有可突于者，爲靜析軍副使，悍勇得衆，娑固欲去之未決，可突于攻娑固，娑

固奔營州。都督許欽澹以州甲五百，合奚君長李大酺兵，共攻可突于。不勝，娑固、大酺皆死。欽澹懼，徙軍入榆關。(註八三)

通鑑卷二一二：

開元六年夏五月辛亥(十八日)，契丹李失活卒，癸巳(據董譜是月無癸巳)，以其弟娑固代之。七年冬十一月壬申，契丹王李娑固與公主入朝。開元八年，契丹牙官可突干驍勇得衆心，李娑固猜畏，欲去之。是歲，可突干舉兵擊娑固，娑固敗奔營州。營州都督許欽澹，遣安東都護薛泰帥驍騎五百與奚王李大酺奉娑固以討之，戰敗，娑固、李大酺皆爲可突于所殺，生擒薛泰。營州震恐，許欽澹移軍入渝關。(註八四)(通考四裔考契丹上同引)失活於開元二年至六年卒，新唐書契丹傳載開元五年以其弟中郎將娑固襲封及所領。而他史書均記開元六年娑固襲其兄(失活)爵。

第七目　大賀氏之鬱于汗

鬱于：遼史卷六三世表一：

鬱于娑固從父弟也，可突于推以爲主，遣使謝罪，玄宗冊立襲娑固位。開元十年，鬱于入朝，以慕容氏爲燕郡公主，下嫁鬱于，卒。(註八五)

舊唐書契丹傳：

可突于立娑固從父弟鬱于爲主，俄又遣使請罪，上乃令冊立鬱于，令襲娑固官爵，仍赦可突于之罪。十年，鬱于入朝請婚，上又封從妹夫率更令慕容嘉賓女爲燕郡公主以妻之，仍封鬱于爲松漠郡王，授左金吾衛員外大將軍兼靜析軍經略大使，賜物千段。鬱于還蕃，可突于來朝，拜左羽林將軍，從幸并州。明年（七二三），鬱于病死。（註八六）

新唐書契丹傳：

可突于奉娑固從父弟鬱干爲君，遣使者謝罪，有詔即拜鬱于松漠郡王，而赦可突于。鬱于來朝，授率更令，以宗室所出女慕容爲燕郡公主，妻之。可突于亦來朝，握左羽林衛將軍。（註八七）

通鑑卷二一二：

開元八年，可突干立娑固從父弟鬱干爲主，遣使請罪。上赦可突干之罪，以鬱干爲松漠都督，以李大酺弟魯蘇爲饒樂都督。開元十年夏 五月壬申（二日）。己丑（十九日）以餘姚縣主女慕容氏爲燕郡公主，妻契丹王鬱干。開元十二年，契丹王李鬱干卒，弟吐干襲位。（註八八）（唐會要卷六、冊府元龜卷九七五、九九九、通典四裔門契丹、通考契丹上同引）

唐史餘瀋卷二：「鬱于，舊唐一九九下，新唐二一九同，通鑑于作干，沈本舊書作千。舊紀開元十年下作李鬱子，當訛。岑刊校記曰：「張氏宗泰云：十年，鬱于入朝請昏，上封從妹夫率更令慕容嘉賓女爲燕郡公主妻之。（中略）至魯蘇所妻，乃盛安公主韋氏東主公主，見兩書奚傳。舊紀以魯蘇所妻之東光公主，與召固所妻之東華公主，同書於十四年（七二六），則此年且當書燕郡公主之降，不得書奚蒑領袖也，當改爲契丹首領松漠郡王李鬱于。按張說極覈，通鑑以餘姚縣主女慕容氏爲燕公主，妻契丹王鬱干，英華冊燕郡公主文亦以爲餘姚縣主。」謂燕公主，妻契丹王鬱干，英華冊燕郡公主文亦以爲餘姚縣主。」謂燕郡應降鬱于，是矣，然而未盡校戡之能事也。考舊紀八：「十四年春正月癸亥（據董作賓中國年曆通譜是月庚辰朔無癸亥），改封契丹松漠郡王李召固爲廣化王，奚饒樂郡王李魯蘇爲奉誠王，封宗室外甥女二人爲公主，各以妻之。」不著公主之號，張氏謂紀書東光於十四年，按文殊未盡合。況元龜九七九載十二年三月詔云：「奚有五部落，宜賜物三年段，（中略）餘一萬段與東光公主，饒樂王衙官，刺史，縣令。契丹有八部落，宜賜物五萬段，（中略）餘一萬段與燕郡公主，松漠王衙官、刺史、縣令。」（中略）應輔正爲「以餘姚縣主女慕容氏爲燕郡公主，出降契丹首領松漠郡王李鬱于，盛安公主女韋氏爲東光公主，出降奚首領饒樂郡王李魯蘇。按舊書一九九下：鬱于請婚，上封慕容嘉賓女爲燕郡公主以妻之，鬱于還蕃，可突干來朝。明年，鬱于病死，弟吐于代統其衆，襲兄官爵，復以燕郡公主爲妻。」

第八目　大賀氏之咄于汗

咄于：遼史卷六三世表一：

咄于鬱于之弟襲官爵，開元十三年咄于復與可突于猜阻，與公主來奔改封遼陽王。（註八九）

舊唐書契丹傳：

鬱于弟咄于代統其衆，襲兄官爵，復以燕郡公主爲妻。吐于與可突于復相猜阻。十三年（七二五）公主來奔，便不敢還，改封遼陽郡王，因留宿衛。（註九〇）（新唐書契丹傳；冊府元龜卷九七九；通鑑卷二一二開元十三年；通考四裔考契丹上略同引）

第九目　大賀氏之邵固汗

邵固：遼史卷六三世表一：

邵固咄于之弟，國人共立之。開元十三年冬朝於行在。從封禪泰山，改封廣化郡王，以陳氏爲東光公主下嫁邵固。十八年爲可突于所殺，以其衆降突厥，東光公主走平盧。（註九一）

舊唐書玄宗紀上：

開元十四年春正月癸亥（按董譜是月無癸亥），改封契丹松漠郡王李召固爲廣化王，奚饒樂郡王李魯蘇爲奉誠王。封宗室外甥女二人爲公主，各以妻之（有誤，說見後）。三月任寅（二十四日）以國甥東華公主降於契丹李召固。（註九二）

唐史餘瀋卷二：

岑刊校戡記四引張宗泰云「上已言封宗室外甥女二人爲公主，各以妻之，則東華公主即在二人內，不應複書，且又不書東光公主，蓋前誤以燕郡公主降爲李魯蘇也，非互考之，不能正其失。」劉文淇按云：「按通鑑以上從甥陳氏爲東華公主妻邵固，以成安公主之女韋氏爲東光公主妻魯蘇，是。（註九三）

舊唐書玄宗紀上：

開元十八年（七三〇）五月，契丹衙官突可汗（按爲可突于之譌）殺其主李召固，率部落降於突厥。（中略）召固妻東華公主陳氏、及魯蘇妻東光公主韋氏並奔投平盧軍，制幽州長史趙含章率兵討之。（註九四）

舊唐書卷七六太宗子吳王恪附孫信安王禕傳：

（開元）十九年（七三一）契丹衙官可突干（于）殺其王邵固，率部落降於突厥，玄宗遣忠王爲河北道行軍元帥，以討奚及契丹兩蕃，以禕爲副。王既不行，禕章戶部侍郎裴耀卿等諸副將分道統兵，出於范陽之北，大破兩蕃之衆，擒其酋長，餘衆竄入山谷。（註九五）

冊府元龜卷九七九：

開元十三年契丹立李盡忠弟邵固爲主，其冬，車駕東巡，邵固詣行在所，封皇從外甥女陳氏爲東華公主以妻之。十四年正月，改封契丹松漠郡王李邵固爲廣化王，奚饒樂郡王李魯蘇爲奉誠王，仍封宗室外甥女二人爲公主，各以妻之。制曰「李邵固等輸忠保塞，乃誠奉國，屬外中于天，無遠而不屆，華裔靡隔，等數有加，宜錫休名，俾承慶澤。卷九九九：開元十三年，契丹王邵固來朝，從封東嶽，詔授左羽林大將軍，改封廣化郡王。又卷九七一：開元十三年。是年契丹遣其臣可突于朝貢方物。又卷九七一：開元十四年正月，契丹遣其臣邵固來朝。又卷九七五：開元十四年三月丙戌（八日），契丹遣其臣邵固來朝，授郎將放還。卷九七一：開元十四年四月，契丹遣大首領李闊等六人來朝。又卷九七五：開元十四年三月丙戌（八日），契丹遣其臣邵固來朝，授郎將放還。又卷九七一：開元十四年四月，契丹遣大首領李闊等六人來朝。
又卷九七五：開元十四年四月癸丑（五日）契丹大首領李闊池等六人來朝，皆受折衝，留宿衛。又：開元十四年五月乙未（十八日），契丹部落刺史普固都及將軍歌皆獻戎捷，授固都將軍，奇郎將。各賜帛百疋放還蕃。又卷九七一：開元十四年七月，契丹刺史出利，縣令蘇固多等來朝。又卷九七五：開元十五年（七二七）三月丁酉（廿五日）契丹首領諾括來送質子并獻方物，授郎將，放還蕃。（卷九九六同）又：開元十五年十一月己酉（十一日），契丹大首領承嗣來朝，授中郎將，放還蕃。又開元十六年（七二八）八月丁丑（十四日），契丹廣化王李邵固遣其子諾括來朝，授大將軍，賜紫袍金帶，放還蕃。又：開元十七年（七二九）五月壬寅（十四日），契丹遣衙前將軍粹來朝，授懷化大將軍，賜紫袍金帶，放還蕃。又卷九八六：開元十八年（七三〇）五月，契丹衙官突可于殺其主李召固，率部落降于突厥，奚部落亦隨而叛，奚王李魯蘇來奔。召固妻東華公主陳氏，及魯蘇妻東光公主韋氏，並奔投平盧軍。制幽州長史趙含章率兵討之。又卷九七五：開元十八年五月戊申（廿五日），契丹遣使獻馬十二疋，賜帛放還蕃。（卷九七一略同）又：開元十八年十一月壬申（廿二日），契丹、奚遣使來朝，且獻方物，賜帛放還蕃。（卷九七一略同引）又卷九八六：開元二十年正月，以朔方節度節副大使、禮部尚書信安郡王　，爲河東河北兩道行軍副大總管，知節度事，率兵討契丹，率戶部侍郎裴耀卿等諸副將，分道統兵出於范陽之北，大破兩蕃之衆，擒其酋長，餘衆竄入山谷。（

註九六）

唐朝自高祖武德初即與契丹酋有來往，至玄宗時開元時唐與契丹關係越法密切。大賀氏在契丹族中之霸權至邵固而完全喪失。（註九七）其遺族爲達呼哩氏。（註九八）後異稱爲達呼爾、打虎兒、達瑚爾、達斡兒、達虎兒、達斡里、達呼里、達湖里、打虎里。（註九九）或稱呼爾哈。（註一〇〇）達呼爾爲大胡（湖）人之音變。（註一〇一）契丹語稱種田爲「提烈」而達呼稱語亦稱種田爲「提烈」，達呼稱地區正屬契丹之泰州，其風俗習慣亦相同。（註一〇二）達呼稱契丹遺族，遼亡徙黑龍江北境與索倫部雜居於精奇江，稱打牲部（註一〇三）

【附　註】

註　一：魏書卷一一三，官氏志葉四五上—四六下。

註　二：周書卷二十賀蘭祥十二傳葉四下。

註　三：元和姓纂卷九頁八三八。

註　四：魏書序紀一葉十三上。

註　五：通鑑卷九三，晉紀，成帝咸和二年（三二七）頁二九四八。

註　六：魏書序紀一葉十三下。

註　七：通鑑卷九四晉紀，頁二九七三。
註　八：通鑑卷一〇九頁三四四二。
註　九：魏書卷二太祖，葉五下。
註一〇：魏書卷一百十三官氏志，葉四十五下。
註一一：周書卷二十賀蘭祥傳葉四下。
註一二：晉書卷百二十三容垂傳，葉七上。
註一三：魏書卷一一—太祖紀，葉三上；山西通志卷三十人，山川考頁十二。姚薇元著北朝胡姓考，頁三十方。
註一四：通鑑卷一〇七晉紀，晉孝武帝太元十五年（三九〇）頁三三九六。
註一五：李吉甫撰：元和郡縣志卷四關內道四保靜縣葉四下。
註一六：樂史撰：太平寰宇記卷卅六葉十三下—十四上。
註一七：岑仲勉撰：突厥集史卷十四頁七〇九。
註十八：姚從吾著：耶律楚材西遊錄足本校注，大陸褥誌特誌特刊第二輯二三四頁二十六頁。
註一九：清史卷五十八頁八五七。
註二〇：丁謙撰：漢書西域傳地理考證，蓬萊軒地理學叢書頁一六一。

註二二：晉書卷一一〇慕容儁載記千葉七下。
註二三：周書二十賀蘭祥傳，葉四下－八下；萬姓統譜卷一三六葉三下。
註二四：周書二十二楊寬傳，葉九上。
註二五：周四十七姚僧垣傳，葉六下－七上。
註二六：周書二孝靜帝，葉五下－六上。
註二七：隋書六五趙才傳，葉二十上。
註二八：新唐書卷八十三，公主列傳葉二上。
註二九：唐會要卷廿一陪陵各氏頁四一四。
註三〇：舊唐書侯君集傳葉三下－四上；新唐書九四侯君集傳葉二上。
註三一：舊唐書卷一八三武承嗣傳，四下。
註三二：萬姓統譜卷一三六葉四上。
註三三：同前書。
註三四：舊唐書卷一三三武承嗣傳上；卷一九一李嗣眞傳，葉七下；新唐書卷九一李嗣眞傳。
註三五：全唐文卷四〇四葉十二下－十三上。
註三六：舊唐書一一一房琯傳葉四上－四下；新唐書一三九房琯傳葉一上下，河南通志卷之三十職官；唐才子傳。

註三七：孔天胤撰　：唐詩紀事卷十七頁一五九—六。
註三八：唐會要卷七八頁一四三一；萬姓統譜卷一三六葉三下。
註三九：新唐書五十九藝文志四十九葉十上。
註四〇：唐會要卷卅六頁五六四；古今圖書集成冊四七氏族典六一〇頁〇八二。
註四一：唐書魏徵傳葉四上；古今圖書集成本四七頁〇八三。
註四二：文苑英華卷四〇五葉五上，總頁二四八五。
註四三：金石萃編卷七一裴公故妻賀蘭氏墓誌銘。葉六上。
註四四：全唐文卷一九一，葉十七下。
註四五：金石萃編卷一一五郎官石柱題名。葉二三下。
註四六：文苑英華卷四一九葉六下總頁二五六七。
註四七：登科記考補頁四。
註四八：登科記卷七頁四。
註四九：唐詩紀事卷五八頁九一五—六。
註五〇：宋史卷四六二賀蘭棲眞，葉一上下。
註五一：畢沅：中洲金石記（四）八下、武億：授經堂文字續跋（九）二下，楊殿珣撰：石刻題跋索引頁四六二。

註五二：五代史記卷十二葉二上。
註五三：田村實造著：中國征服王朝之研究，頁八十。
註五四：舊唐書卷一九九下葉五下。
註五五：愛宕松男著：契丹古代社會之研究頁一九六。
註五六：舊唐書同前。
註五七：遼史卷六三世表葉六上下。
註五八：陳述著：契丹史論證稿頁五一。
註五九：續志卷八十一氏族略一；陳漢章：遼史索引卷七，葉一下。
註六〇：舊唐書卷一九九下契丹葉五上。
註六一：唐會要卷九六契丹頁一七一七，新唐書契丹傳，通考四裔考契丹上同弔唐要、新唐書、通考契丹傳、武德均爲二年當爲六年之誤。
註六二：遼史卷六三世表一，葉四下。
註六三：通典卷二百邊防十六頁一〇八三。
註六四：唐會要卷九六，頁一七一七。
註六五：冊府元龜卷九五六葉五上下；卷九七七葉十八上下。
註六六：舊唐書卷第十九地理志二，河北道四葉廿七上下。

註六七：新唐書四十三下地理下葉四下。

註六八：舊唐書卷第十九地理志二，河北道四葉廿九上。

註六九：舊唐書卷八十三薛仁貴傳，葉六上。

註七〇：冊府元龜卷九八六葉六上。

註七一：通鑑卷二〇〇頁六三二〇。

註七二：遼史卷六三世表葉四下，局本考證「阿不固，新唐書入阿卜固」馮家昇：遼史初校：「不」，新唐作「卜」。（頁一六三），振績按：舊唐書，冊府元龜皆作「卜」。

註七三：遼史卷六三世表葉五上。

註七四：通典卷二〇〇頁一〇八三。

註七五：舊唐書卷六則天皇后，葉五下—六上、舊唐書狄仁傑又王孝傑傳、又王求禮傳、新唐書同前、唐會要卷九六契丹，冊府元龜卷九八六萬歲通天元年五月，新唐書武后妃萬歲通天元年五月壬子（十二日），又外戚傳萬歲通天，初，又突厥，又契丹傳，通鑑卷二〇五、卷二〇六、通考四裔考契丹上、張說：張燕北集卷十一、卷十三、全唐文卷二四三葉十四上下、舊唐書地理志義豐條、信州；新唐書地理志信州條；舊唐書地理威化，又逢龍又昌黎；新唐書地理志沃州同；詳見楊家駱著：遼史世表長箋頁三十—四十）；局本考證：「按通考，萬歲通天元年（六九六）窟哥曾孫松漠都督李盡忠，與妻兄孫萬榮殺趙文翽，舉兵反，以盡忠爲庫克曾孫，舊唐書亦作曾孫，與史異，新唐書作孫，同。」」；枯莫離：羅氏校戡記：『「枯」，舊唐契丹傳作「祜」新書同此。』；赦曹曾孫四萬。局本考證：『按舊唐書亦作曾孫。』；馮氏初校：『「曾」，新唐書作「有」。』、羅氏校戡記：『新唐書契丹傳作「有孫曰萬榮」，舊書同此。』；推萬榮爲帥，馮氏初校：『「帥」，新唐書作「將」。』

註七六：遼史卷六三世表：葉五下—六上。

註七七：冊府元龜卷九七七葉二十上；卷九七九葉五上—六下。

註七八：舊唐書卷第一百九十九下契丹葉六上下。

註七九：遼史卷六三世表一葉六上。

註八〇：舊唐書卷第一九九下契丹葉六下。

註八一：唐會要卷九六頁一七一七。

註八二：冊府元龜卷九七一葉三下；卷九九；卷九七四葉二十下；卷九七三葉十三下。

註八三：新唐書一一九契丹一四四葉三上。

註八四：通鑑卷二一二開元六年五月頁六七三三；七年頁六七三七；八年十一月頁六七四三。

註八五：遼史卷六三世表一葉六下。

註八六：舊唐書契丹傳葉六下。

註八七：新唐書契丹傳葉三上。

註八八：通鑑卷二一二開元八年十一月頁六七四三；十年五月頁六七五〇；十二年十一月頁六七六二。唐會要卷六頁七五；冊府元龜卷九七五；通典四裔門契丹；通考四裔考契丹上同引；羅繼祖：遼史校戡記卷六三：新唐書契丹傳作可突于者，爲靜析軍副使。舊書作娑固大臣可突五（頁四五〇）；校戡記卷六三頁四五〇；韓愈作可突于劉煦、宋祁及唐要皆作可突于，于字元本作干。煦當作昫。通鑑卷二一二于字亦作干，恐誤；馮家昇撰遼史初校卷之三：于百作干；楊家駱著：遼史世表長箋頁四七—九；田村實造著：中國征服王朝的研究頁八五註廿三。

註八九：遼史卷六三世表一葉六下。

註九〇：舊唐書契丹傳葉六下；新唐書契丹傳；冊府元龜卷九七九；新唐書契丹傳；通鑑卷二一二開元十三年通考四裔考契丹上；楊家駱著：遼史世表長箋；田村實造著：中國征服王朝的研究頁八五。

註九一：遼史卷六三世表一葉六下。

註九二：舊唐書卷八玄宗紀上葉十四上。

註九三：唐史餘瀋卷二葉。

註九四：舊唐書卷八玄宗上葉十七上。

註九五：舊唐書卷七六吳王二十六葉四上。

註九六：冊府元龜卷九七九葉八下、卷九九九葉九下、卷九七一葉六下、卷九七五葉六上、卷九七一葉七上下、卷九七五葉七上、下、八下、九下、卷九八六葉二十二下、卷九七五葉十下、十一上、二十二

上—二十三下；張說：張燕公集卷十；新唐書玄宗紀上、郭虔瓘英傑、烏承玼傳、契丹傳、通鑑卷

二一二、二一三（同引）。

註九七：田村實造：中國征服王朝的研究頁八六。

註九八：續通考卷八十一、氏族略一、遼族傳。張伯英提，黑龍江志稿卷十一氏族葉二十二上。

註九九：何秋濤撰：朔方備乘卷二，（頁五）；清史卷五八，地理志四。

註一〇〇：程發軔撰：中俄國界圖考，頁一五，蒙藏委員會，民國五八年版。

註一〇一：莫爾賽（Müirssi達呼爾人）稱達呼個人爲大胡人。

註一〇二：哈勘楚倫著：達呼個方言四章頁四—七—八。

註一〇三：張伯英撰：黑龍江志稿卷十一，氏族葉二十二上，佚名，布特志略，姓氏葉八上下。

第二章 遙輦氏之族系

第一節 遙輦氏之源流

遙輦氏興起於大賀氏衰微之後；遼史部族上：

唐世大賀氏仍爲八部，而松模，玄州別出亦爲十部也。遙輦氏承萬榮，可突于散敗之餘，更爲八部。然遙輦、迭刺別出又十部也（註一）遙輦氏土耳其字義爲「保護」，爲契丹阿保機之親族遙輦即迭刺之異譯，迭刺即軼刺，亦即移（亦）刺之義（註二）移刺由慕容氏胡人稱奕洛（續按即移剌）而來之。（註三）

第二節 遙輦氏之族系

遙輦繼大賀氏衰微而崛起。其族系遼史百官志：

遙輦九帳大常兗司，掌遙輦洼可汗，阻午可汗，胡剌可汗、蘇可汗，鮮質可汗，昭古可汗，耶瀾可汗，巴剌可汗，痕德堇可汗，九世宮分之事。（註四）

遙輦九世可汗，不盡見於遼史世表，但旁見他書所記：

第一目　遙輦氏之屈列汗

㈠屈列：（舊唐書作屈剌、新唐書作屈烈，遼史世表作屈列）；

屈列見舊唐書玄宗紀：

開元二十二年（七三四）十二月乙巳（十八日），幽州長史張守珪發兵討契丹，斬其王屈烈及其大臣可突干於陣，傳首東都．餘叛奚皆走山谷，立其酋長李（李之誳）過折爲契丹王。（註五）

舊唐書張守珪傳：

先是，契丹及奚連年爲邊患。契丹衙官可突于驍勇有謀略，頗爲夷人所伏，趙含章、薛楚玉等前後爲幽州長史，竟不能拒。及守珪到官，頻出擊之，每戰皆捷。契丹首領屈剌與可突于恐懼，遣使詐降。守珪察知其僞，遣管知右衛騎曹王誨詣其部落就謀之，誨至屈剌帳，賊徒初無降意，乃移其營帳漸向西北，密遣使引突厥將殺誨以叛，會契丹別帥李過折與可突于爭權不葉，悔潛誘之，守珪因出師，次於紫蒙川，大閱軍實，讌賞將士，傳屈剌，可突于等首于東部，梟於天律橋之南，詔封李過折爲北平王，使統其衆，尋爲可突于餘黨所殺。（註六）（舊唐書契丹傳；唐會要卷九六契丹；冊府元龜卷九八六；新唐書張守珪傳、契丹傳；通鑑卷二一四；通考四裔考契丹上所引大略相同）

遼史世表：

屈列不知其世系，可突于立之，開元二十二年六月幽州節度使張守珪大破可突于，十二月又大破之，斬屈列及可突于等傳首東都，餘衆散走。

過折本契丹部長，爲松漠府衙官，斬可突于及屈列歸唐，幽州節度使張守珪立之，封北平郡王。是年可突于餘黨泥禮弑過折屠其家，一子剌乾走安東，拜左驍衛將軍，自此契丹中衰，大賀氏附庸奚王，以通於唐。朝貢歲至，至德，寶應間再至，大曆十二年，貞元九年、十年、十一年，三至，元和中七至，大和開成間四至。泥禮耶律儼遼史書爲湼里，陳大任書爲雅里，蓋遼太祖之始祖也。（註七）

蕭韓家奴有言，先世遙輦可洼之後，國祚中衰，自夷離菫雅里立阻午可汗。大位始定。今以唐史遼史參考，大賀氏絶於邵固，雅里所立則懷秀也，其間唯屈列過折二世，屈列乃可突于所立，過折以別部長爲雅里所殺，唐史稱泥禮爲可突于餘黨，則洼可汗者殆爲屈列耶。（註八）

屈列擬爲洼可汗之說，頗近于情理。蕭奪剌，蕭得里式皆遙輦可汗官分人，並見本傳。

張九齡曲江集內有關開元間契丹史料之文字多篇，與屈列有關者四篇茲彙列如次：

一、敕契丹王據埒（按即屈列），可突于等書：敕契丹王據埒及衙官可突于、蜀活剌史鬱捷等：順道則吉，惟智能圖，逆節即凶，豈愚所覺。如卿頃年背誕，實養禍胎，今而知之，亦猶未晚……。

二、敕幽州節度張守珪書。

三、賀誅奚賊可突于狀：右高力士宣示：張守珪所上逆賊契丹屈烈及可突于等首級。……附唐玄宗：「答張九齡賀誅契丹可突于批」（見全唐文卷三七）（又附唐玄宗：「破奚、契丹告享陵廟勅」：見全唐文卷三十五）。

四、請東北將吏刊石紀功德狀：「右奚，契丹尤近邊鄙，侵佚是慮，式過成勞，臣庶常情，惟欲防禦，所謂長策，無出此者。（下略）」（全唐文卷二二八題張九齡作，卷二九七題裴耀卿作，此文兩見，似嫌重複。玉海「玄宗開元二十三（七三五）二月己亥（十三日），以奚，契丹既平，宰臣耀卿，九齡等奏賀曰：「初奉聖謀，高深未測，及開凱捷，晷不差，卧鼓滅烽，誠自此始，請宣付史館，仍許將吏等刊石立頌，以紀功德。」天寶十載（七五一）十二月庚申（十一日），安國寺以所撰先皇聖德頌刻石。蓋以耀卿領銜，因而致誤耳。（註九）

過折以別部長爲泥禮弒，屠其家

舊唐書契丹傳：

詔封過折爲北平郡王，授特進檢校松漠州都督，賜錦衣一副，銀器十事，絹綵三千疋。其年，過折爲可突于餘黨泥禮（通鑑考異引舊傳作泥裡）所殺，並其諸子。唯一子剌乾走投安東得免，拜左驍衛將軍。（註一〇）

唐會要卷九六契丹：

立其酋長李過折爲契丹王，仍授特進，封北平郡王。其年，過折又爲可突于黨泥禮所殺，惟一子剌乾，走投安東獲免，拜左驍衛將軍。自後興奚王朝貢歲至，蕃禮甚備。（註一一）（新唐書契丹傳同引）

通鑑卷二一四：

開元二十三年正月，契丹知兵馬中郎李過折來獻捷，制以過折爲北平王，檢校松模州都督。是歲契丹王過折爲其臣涅禮所殺，並其諸子。一子剌乾奔安東得免。涅禮上言：過折用刑殘虐，衆情不安，故殺之。上赦其罪，因之涅禮爲松漠都督，且賜書責之曰：卿之蕃法，多無義於君長，自昔如此，朕亦知之。然過折是卿之王，有惡輒殺之，爲此王者，不亦難乎？但恐卿爲王，後人亦爾，常不自保，誰願作王？亦應防慮後事，豈得取快目前，突厥尋引兵東侵奚、契丹，涅禮與奚王李歸國擊破之。（註一二）

通鑑考異卷十三：「舊契丹傳作遇折，今從實錄及守珪傳」。冊府元龜卷九八六注作過折。考異：「泥裏即涅禮」。

第二目　遙輦氏之迪輦俎里汗

㈡迪輦俎里：迪輦俎里爲契丹名，李懷秀爲唐賜姓名

遼史卷六三世表一：

李懷秀唐賜姓名，契丹名迪輦俎里，本八部大帥，天寶四年降唐，拜松模都督，安祿山表請討

契丹，懷秀發兵十萬。與祿山戰潢水南，祿山大敗，自是與祿山兵連不解。（註一三）

冊府元龜卷九七九：

天寶四年（七四五）三月，封外孫女獨孤氏爲靜樂公主，降松漠都督崇順王李懷節。九月，契丹酋長殺公主，擧部以叛。（註一四）

遼史局本考證：「按唐書天寶四載李懷秀降，拜松漠都督，封崇順王，以宗室出女獨狐氏爲靜樂公主妻之，是否殺公主擧部以叛」。新唐書契丹傳：

天寶四載，契丹大酋李懷秀降，拜松漠都督，封崇順王，宗室出女獨狐爲靜樂公主妻之，是歲殺公主叛去。（註一五）

通鑑卷二一五：

天寶四載三月，以外孫獨孤氏爲靜樂公主，嫁契丹王李懷節；九月契丹殺公主以叛。（註一六）（通考四裔考契丹上同引）

李懷秀即阻午可汗，遼史卷二紀二：

雅里讓阻午。涅里（雅里）相阻午可汗，分三耶律爲七，並前部爲二十部。李懷秀固遙輦氏之君爲阻午可汗明矣。（註一七）

第三目　遙輦氏之楷落汗

楷落：遼史卷六三世表一：

楷落以唐封恭仁王代松漠都督，遂稱契丹王。

楷落繼李懷秀阻午可汗，當即胡剌可汗。遼史卷四九禮志一：

遙輦胡剌可汗制祭山儀。（註一八）

李楷落爲遙輦氏之胡剌可汗，其世系，新唐書卷七五下宰相世系表十五下：

柳城李氏世爲契丹長，後徙京兆萬年。令節左威衛大軍，幽州經略軍副使。（子）重英鴻臚卿兼檀刺史。（子）楷落左羽林大將軍朔方節度副使薊郡公。（公）遵宜、遵行兩將軍，光弼太尉兼侍中臨維武穆王、（子）義忠太僕卿，象太僕卿，彙宿州刺史、（子）黯景州刺史。（光弼弟）光琰、光顏鴻臚卿、光進字太應刑部尚書武威郡王，（子）元奕、元憑。（註一九）

通鑑卷二一五：

天寶五載夏四月癸未（一日）立奚酋娑固爲昭信王，契丹酋楷落爲恭仁王。六載（七四七）十月河西，隴右節度使王忠嗣以部將哥舒翰爲大斗軍副使，李光弼爲河西兵馬使，充赤水軍使。翰父祖本突厥騎施別部酋長；光弼，契丹王楷洛之子也。胡注：開元初，李楷洛封契丹王。（註二〇）

舊唐書卷一一〇李光弼傳：

李光弼，營州柳城人。其先契丹之酋長，父楷洛，開元初左羽林將軍，朔方節度副使，封薊國公，以驍果聞。（註二一）

新唐書卷一三六李光弼傳：

李光弼，營州柳城人。父楷洛，本契丹酋長，武后時入朝，累官左羽林大將軍，封薊郡公。吐番寇河源，楷洛率精兵擊走之。初行，謂人曰：「賊平，吾不歸矣。」師還，卒於道，贈營州都督，謚曰忠烈。通鑑胡注封契丹王，當爲薊郡公之譌。（註二二）

（全唐文卷四二二李府君神道碑，李公神道碑。通考四裔考契丹上同引）

第四目　遙輦氏之蘇可汗

㈣蘇可汗：遼史卷四十五百官一：

遙輦九帳……蘇可汗。（註二三）

遼史卷四十九禮志一：

蘇可汗制瑟瑟儀。（註二四）

瑟瑟儀契丹用以乞雨，其事則西域先有之，用以乞寒，入唐稱曰「潑寒胡戲」（註二五）

第五目　遙輦氏之鮮質汗

㈤鮮質可汗：遼史卷三三部族志下：

奚王府六部五帳分，其先曰時瑟事東遙里十帳部主哲里，後逐哲里自立爲奚王卒，弟吐勒斯立。遙輦鮮質可汗討之，俘其拒敵者七百戶，摭其降者。以時瑟鄰睦之故，止俘部曲之半，餘悉留焉，奚勢由是衰矣。迭刺部本鮮質可汗所俘奚七百戶。太祖即位以爲十四石烈置爲部，隸

南府節度使，屬西南招討司，戍黑山北部，民居慶州南。（註二六）

遼史卷七四耶律敵刺列傳四：

耶律敵刺字合魯隱，遙輦鮮質可汗之子。太祖踐阼，與敞隱海里同心輔政，太祖知其忠實，命掌禮儀，且諉以軍事，後以平內亂功，代轄里爲奚六部吐里卒。敵刺善騎射，頗爲禮文。（註二七）

耶律敵刺字合魯隱，合魯疑爲賀蘭之異譯。耶律弘古，耶律玦均遙輦可汗之後。

第六目　遙輦氏之昭古汗

(六)昭古可汗：（耶律阿没里傳作嘲古可汗），遼史卷六三世表一：

有若奇首可、胡刺可汗，蘇可汗、昭古可汗，皆遼之先，而世次不可考矣。（註二八）

第七目　遙輦氏之耶瀾汗

(七)屈戍：遼史卷六三世表一：

契丹王屈戍，武宗會昌二年，授雲麾將軍，幽州節度使，是爲耶瀾可汗。張仲武奏契丹舊用回鶻印，乞賜聖造，詔以奉國契丹爲文。（註二九）（源于新唐書契丹）

舊唐書契丹傳：

會昌二年（八四二）九月，制：契丹新立王屈戍可雲麾將軍守右武衛將軍員外置同正員。幽州節度使張仲武（據卷一八〇仲武范陽人）上言，屈戍等云，契丹舊用回紇印，今懇請聞奏，乞

國家賜印，許之，以「奉國契丹之印」爲文。（註三〇）（五代會要卷二九契丹；丹府元龜卷九七六，新唐書契丹傳同引）

新唐書張仲武傳：

始回鶻嘗有酋長監奚、契丹，以督歲貢，因調刺中國；仲武使裨將石公緒等厚結二部，執諜者八百餘人殺之。（註三一）

通鑑卷二四六：

會昌二年九月，以劉沔（舊唐書卷一六一未詳著沔里貫，據新唐書卷一七一，沔字子汪、徐州彭城人）兼招換回鶻使，如須驅逐，其諸道行營兵權令指揮，以張仲武爲東面而招撫回鶻使，其當道行營兵及奚、契丹、室韋等自指揮。以李思忠爲河西黨項都將回鶻，西南面招討使；皆會軍於太原。令沔屯雁門關。初，奚。契丹　屬回鶻，各有監使，歲督其貢賦，且調唐事，張仲武遣牙將石公緒統二部，盡殺回鶻監使等八百餘人。仲武破那頡啜，得室韋酋長妻子，室韋以金帛羊馬贖之，仲武不受，曰「但殺監使歸之！」又卷二四七：契丹之用回鶻所與舊印，以原附于回鶻之故。及張仲武殺回鶻監契丹使。又大破回鶻于殺胡山，契丹遂再內屬，故唐與之以新印也。（註三二）（宋朝事實卷二十經略幽燕；通志卷二〇〇；通考四裔考契丹上同引）

全唐文卷七二八：勅契丹王鶻戍書：

勅契丹王鶻戍，大道領末荷得等，至省所朝賀及馬具悉。卿英雄挺出，忠信生知。威令可固于封疆，誠素必彰于禮義。情深向闕，志切輸忠。萬里趨風，表堅明之節操；元原稱賀，見罄盡之忠鶻。想屬再三，寧忘寤寢，將綏多福，勉守令圖。

契丹王鶻戍，某至省所進馬事宜具悉。卿才雄沙漠，氣勁燕山，忠良自課于生知，毅勇宣賢于時習。禮備正朔，誠懸表章。職貢聿修，遠致右牽之獻，威儀就列，常嘉左衽之風。……（註三三）

第八目　遙輦氏之巴剌汗

(八)習爾（新唐書作習爾之），遼史卷六二世表一：

契丹王習爾是爲巴剌汗，咸通中再遣使貢獻，部落寖強。（註三四）新唐書契丹傳：

咸通中，其王習爾之，再遣使者入朝，部落寖強。習爾之死，族人欽德嗣。（註三五）（舊五代史契丹傳；新唐書契丹傳；冊府元龜卷九七二；通志卷二〇〇；契丹國志卷一太祖紀；通考四裔考契丹上；舊台書僖宗紀乾符四年五月所引者同）。

屈戍之後，欽德之前，由前論證，確有契丹王曰習爾，曾再遣使朝唐。

第九目　遙輦氏之痕德堇

（九）欽德：欽德爲遙氏最後一可汗，遼史卷六三世表：契丹王欽德，習爾之族也，是爲痕德堇可汗。光啟中，掠奚、室韋諸部，皆役服之，數與劉仁恭相攻，晚年政衰。八部大人法，常三家代，佚刺部耶律阿保機建旗鼓，自爲一部，不肯受代，自號爲王，盡有契丹國，遙輦氏遂亡。（註三六）太祖紀：

唐天復元年（九〇一），歲辛酉，痕德堇可汗殂。群臣奉遺命請太祖。……（註三七）

遼史世表言不肯受代，而太祖紀云三讓從。舊五代史契丹傳：

光啟（八八五—八八七）中，其王沁丹者，乘中原多故，北邊無備，遂蠶食諸郡，達靼、奚、室韋之屬，咸被驅役，族帳寖盛，有時入寇。劉仁恭鎮幽州，素知契丹軍情僞，選將練兵，乘秋深入，踰摘星嶺討之。霜降秋暮，即燔塞下野草以困之，馬多饑死，即良馬賂仁恭以市牧地。仁恭季年荒恣，出居大安山，契丹背盟，數來寇鈔。時劉守光戍平州，契丹實里王子率萬騎攻之。守光僞與之和，張幄幕于城外以享之。部族食伏甲起擒實里王子入城。部族聚哭請納馬五千以贖之，不許。沁丹乞盟，納賂以求之，自是十餘年來不能犯塞。（註三八）（新唐書契丹傳；冊府元龜卷三六七；新五代史夷九附錄第一；通卷二六四；通志卷二〇〇；東都事略卷一二三；宋會要輯本蕃夷一；契丹國志卷一太祖紀；通考四裔考契丹所引、唐莊宗列傳所引略同，不贅列。）

欽德可汗之卒年，仍待考求，蓋五代會要廿八；冊府元龜九七一並謂有梁開平間阿保機率其妻及前王欽德貢獻紀事，是證欽德於阿保機自立之後尚仍存在。遼史所謂遵遙輦於皇族之上者，然於欽德可汗爲最後可汗，耶律氏遂代遙輦爲部落之共主矣。

【附　註】

註　一：遼史卷三三部族上葉四下。

註　二：Menges, Karl H: Tungusen und Lyao p.28, Deutsche Morgenland Gesellschaft; Stein, Rolf: Leaotche p.28, Tungpao Series II volume XXXV.

註　三：Stein, Rolf: ibid.

註　四：遼史卷四十五百官一葉二十上。

註　五：舊唐書卷八玄宗紀上葉二十下；新唐書玄宗紀同引。

註　六：舊唐書卷第五二張守珪傳葉五下。

註　七：遼史卷六三世表一葉六下—七上。

註　八：同前書葉八下。

註　九：楊家駱撰：遼史世表長箋頁五八—九。

註　十：舊唐書卷一九九下契丹葉七下。

註一一：唐會要卷九六契丹頁一七一七。

註一二：通鑑卷二一四頁六〇八九。

註一三：遼史卷六三世表一葉七下。

註一四：冊府元龜卷九七九葉十四上。
註一五：新唐書二一九契丹葉四上。
註一六：通鑑卷二一五頁六八六四、六八六八。
註一七：遼史卷七三葉二下，卷三二葉四下，卷六三世表一葉七下。
註一八：遼史卷四九禮志一葉一下。
註一九：新唐書卷七五下宰相世系表十五葉三二下－三三上。
註二〇：通鑑卷二一五頁六八七一；頁六八七七－八。
註二一：舊唐書卷一一〇李光弼葉一上。
註二二：新唐書卷一三六李光弼葉一上。
註二三：遼史卷四五百官志十五葉二十上。
註二四：遼史卷四九禮志一葉一下；卷一一六語解葉六下。
註二五：陳述著：契丹史論證稿頁五五。
註二六：遼史卷三三部族志下葉四上下；葉五上。
註二七：遼史卷七四耶律敵剌傳四葉一上。
註二八：遼史卷六三世表一葉二上。
註二九：遼史卷六三世表一葉八上。

註三〇：舊唐書契丹傳葉七下—八上。

註三一：新唐書卷二一二張仲武傳葉九上。

註三二：通鑑卷二四六頁七九六六—七；卷二四七頁七九七九。宋朝事實卷二十經略幽燕；通志卷二〇〇；通考四裔考契丹上同引。

註三三：全唐文卷七二八與契丹王鶻戍書葉十三下；葉十四上。

註三四：遼史卷六三世表一葉八上。

註三五：新唐書二一九契丹傳葉四下；舊五代史契丹傳；新唐書契丹傳；冊府元龜卷九七二；通志卷二〇〇；契丹國志卷一太祖紀；通考四裔契丹上；舊唐書僖宗紀乾符四年五月同引。

註三六：遼史六三世表一葉八上下。

註三七：遼史卷一太祖上葉一上；葉二下。

註三八：舊五代史卷一三七契丹傳葉一上下。

第三章 迭剌氏族系

第一節 迭剌氏源流

迭剌部阿保機之先世：

遼史營衛志遥輦八部始末：

唐開元天寶間，大賀氏始微，遼始祖涅里立阻午可汗，時契丹因萬榮之敗，部落凋散，即故有部衆，分爲八部，涅里所統迭剌部，自爲別部，不與其列，並遥輦迭剌亦十部也。（註一）

遼史卷三十二部族下：

五院部其先曰益古凡六營，阻午可汗時與弟撒里本領之曰迭剌部，傳至太祖以夷　董即位，天贊元年以　大難制，析分五石烈爲五院，六爪爲六院，各置夷　董，會同元年更夷　董爲大王部、隸北府，以鎮南境。（註二）

益古爲五院之先，阻午可汗時與弟撒里本領之曰迭剌部，傳至太祖阿保機，可見遥輦氏與迭剌氏爲兩半部制。迭剌部之迭即軼，可讀亦剌可能爲移剌之異譯。

第二節　迭剌氏族系

迭剌氏之族系，見遼史卷二太祖下：

雅里始立制度：㈠雅里生毗牒，㈡毗牒生頦領，㈢頦領生耨里思是爲肅祖，㈣肅祖生薩剌德是爲懿祖，㈤懿祖生年德實是爲玄祖，㈥玄祖生撒剌的（撒里本）是爲德祖，㈦德祖生阿保機。太祖之父也世爲契丹遙輦氏之夷離菫，執其政柄。（註三）

太祖之祖世爲遙輦氏之夷离菫，即大王，掌握著契丹之實際政治，故能取而代之，況遙輦氏與迭剌氏爲兄弟之邦兩半部制。

第一目　迭剌氏之雅里

㈠雅里：爲迭剌始祖：遼史世表一：

蕭韓家奴有言先世遙輦可汗洼之後，國祚中絕。自夷离菫雅里立阻午可汗，大位始定，今以唐史、遼史參考，大賀絶于邵固。雅里所立則懷秀也。……過折以別部長爲雅里所殺。泥禮耶律儼遼史爲湼里，陳大任書爲雅里，蓋太祖之始祖也。（註四）遼史兵衛志上：耶律雅里者分五部爲八，立二府以總之，析三耶律氏爲七、二審密氏爲五。……即太祖云世祖也。（註五）

雅里弑過折，以擁立阻午，而自爲迭剌部，遂爲遙輦氏之左部矣。

第二目　迭剌氏之毗牒

㈡毗牒：雅里生毗牒，爲雅里子也。其事蹟不詳。

第三目　迭剌氏之頦領

㈢頦領：毗牒之子：遼史地理志慶州條：

遼國五代祖勃突，貌異常，有武略，力敵百人，衆推爲王。生於勃突山，因以爲名。在州二百里。」（註六）

遼史蕭韓家奴傳載蕭氏上書：

自夷離菫湖烈以下，大號未加，天皇帝之考，夷離菫的魯以名呼。（註七）

勃突、湖烈，疑爲頦領一名之異譯。

第四目　迭剌氏之耨里思

㈣耨里思肅祖：遼史卷六三世表一：耶律儼紀云：

太祖四代祖耨里思爲迭剌夷離菫，遣將只里姑括里，大敗安祿山于潢水，適當懷秀之世。（註八）

皇子表載肅祖四子：

長曰洽昚字牙新，官迭剌部夷離菫，有德行，分五石烈爲七，六爪爲十一，子孫房在五院司。次懿祖。三曰葛剌，四曰洽禮。（註九）

耨里思肅祖有四子，長曰洽昚字牙新，官迭剌部夷離堇。三曰葛剌、四曰洽禮，洽昚與葛剌恐同音之異譯，而洽昚與洽禮亦有同音之感。洽昚之昚即古文寮字從此釋文序錄稱昚，徵五典是陸氏所據堯典作寮。（註一〇）寮柴祭天也，示部柴下曰燒柴寮天也。（註一一）因知寮即燒柴祭天之義，那麼寮恐爲契丹國號遼之原始字。

第五目　迭剌氏之薩剌德

(五)薩剌德懿祖：遼史卷二太祖紀二：

太祖紀贊：薩剌德嘗與黃室韋挑戰，矢貫數扎，是爲懿祖。

（天祚帝）追尊曾祖曰莊敬皇帝，廟號懿祖，妣曰莊敬皇后。

遼史卷六四皇子表：

懿祖四子莊敬皇后蕭氏生，第一叔剌，舍利，早卒。第二帖剌字痕得，九任迭剌部夷離堇，卒年七十，六院司呼爲夷離堇房。第三玄祖見帝紀。第四褭古直字巖母根，舍利，善射，年幾冠，墮馬卒、六院司、呼爲舍利房。遼史卷六六皇族表：帖剌、褭古直、厘馬葛系出懿祖莊敬皇帝。（註一二）

遼史卷七一后妃傳一：

懿祖莊敬皇后蕭氏小字牙里辛，肅祖嘗過其家曰同姓可結交，異姓可結婚，知爲蕭氏爲懿祖聘焉生男女七人。乾統三年追尊莊敬皇后。（註一三）

懿祖莊敬皇后蕭氏小字牙里辛，牙里與耶律爲音同而字之異譯。蕭祖嘗過其家曰同姓可結交，異姓可結婚，可見塞北民族之重血緣關係，同姓不准結婚。

第六目　迭剌氏之匀德實

㈥匀德實玄祖：遼史卷二太祖二：

懿祖生匀德，始教民稼穡，善畜牧，國以殷富，是爲玄祖。遼史卷五九食貨志上

初皇祖匀德實爲大迭烈夷離堇，善稼穡，善畜牧。相地利，以教民耕。遼史卷六四皇子表：

玄祖四子：第一麻魯、舍利，早卒。第二巖木字敵輦，重熙中追封蜀國王，三爲迭剌部夷離堇，身長八尺多，力能裂付皮，語音如鐘，彌里本嶺去家數里，嘗登嶺，呼其從家人悉聞之。年四十五薨。二子胡古只，求撥其後即三父房之孟父。第三釋魯字述瀾，重熙中追封爲隋國王，于越，驕脅多力，賢而多智，先遙輦氏可汗，歲貢于突厥至釋魯爲于越，始免教民種樹桑麻，年五七爲子滑哥所弒，子滑哥其後良三父房之仲父。第四德祖見帝紀。

遼史卷五八儀衛志曰：

遙輦末主遺制，迎十二神纛，天子旗鼓，置太祖帳前。諸弟剌哥等叛，匀德實縱火焚行宮，皇后命昌古魯救之止；得天子旗鼓。遼史卷七一后妃：

玄祖簡獻皇后蕭氏小字月里朵，玄祖爲狼德所害，后嫠居恐不免，命四子德依鄰家耶律臺押乃獲安。

遼史卷七五耶律鐸臻：

耶律鐸臻字敵輦六院部人，祖蒲古只，遙輦氏時再爲本部夷離菫，耶律狼德等既害玄祖，粗暴橫益。蒲古只以計誘其黨，悉誅夷之，鐸臻幼有志節。

遼史卷七七耶律安摶：

耶律安摶曾祖巖木，玄祖之長，祖楚不魯爲本部夷離菫，父迭里。

遼史卷一〇三蕭韓家奴傳：

蕭韓家奴疏始行追冊玄祖之禮。

玄祖被子滑哥所弒（皇子表），而儀衛志曰稱剌哥，一名音之異譯，正如部族曰「部落之名姓氏之號，得其音而未得其字，歷代踵訛艱於考索。（註一四）遼史局本考證：「按伊德實，原作匀德實，卷五十八儀衛志之太祖弟同名匀德實。」

第七目　迭剌氏之撒剌的

㈦撒剌的德祖：卷二太祖紀二贊曰：

玄祖生撒剌的，仁民愛物，始置鐵冶，教民鼓鑄，是爲德祖，即太祖之父也。世爲契丹遙輦氏之夷離菫，執其政柄，德祖之弟述瀾北征于厥、室韋。南略易定、奚、霫，始興板築，置域邑，教民種桑麻，習織組，已有廣土衆民之心，而太祖受可汗之禪，遂建國，東征西討，如折枯拉朽。東自海，西至于流沙，北絶大漠，信威萬里，歷年二百。

遼史卷一太祖記上：

德祖俘奚七千戶徙饒樂之清河，至是創爲奚迭剌部，分十三縣，遂拜太祖于越，總知軍國事。

遼史卷四五百官一：

季文族帳常袞司，掌德祖皇帝三房族之事。

遼史卷六四皇子表：

德祖六子，宣簡皇后蕭氏生五子。太祖第一見本紀。剌葛字率剌第二，太祖即位爲惕隱，改迭剌部夷離堇，爲惕隱討湼烈部破之，改爲迭剌部夷離堇，從太祖親征統本部，兵攻下平州。性愚險，破湼烈部，與弟迭剌安端等謀亂，事覺按問具狀。太祖令誓而捨之，太祖曰汝謀此事，不過欲富貴爾，出爲迭剌部夷離堇，復謀爲亂，誘群第，據山西以阻歸路，太祖聞而避之，次赤水城，剌葛詐降，復使神述焚明王樓，大掠而去，至孽只喝只二河，與追兵戰衆潰，及鴨里河，女骨部人邀擊之，剌葛輕騎遁去，至榆河先鋒敵魯生擒之，太祖念其同氣，不忍加刑杖，而釋之，神冊二年南奔。迭剌字雲獨昆第三，天顯元年爲中台省左大相。性敏給，太祖曰迭剌之智卒然圖功，吾所不及，緩以謀事不如我。回鶻使至，無能通其語者，太后謂太祖曰迭剌聰敏，可使遣迓之，相從二旬，能習其言與書，因制契丹小字，數少而該貫。與兄剌葛謀反，剌葛遁，迭剌與安端降，太祖杖而釋之。神冊三年，欲南奔，事覺，親戚請免於上又赦之。寅底石字阿辛第四，重熙追封許國王，太祖遺詔寅底石，守太師政事令，輔東丹王。生而闒懦與兄剌葛作亂，兵敗，太祖赦之，後復與剌葛遁至楡河，自剌不死，被擒，太祖釋之。太祖命輔東丹王淳欽皇后遣司徒划沙殺于路。孫阿烈（績按即阿剌）。安端字猥隱第五，天祿初以功王東丹國，賜號明王，神冊三年爲惕隱，天贊四年爲北院夷離堇。神冊元年討平雲州。天贊元年征渤海，破老相兵三萬餘人，安邊、鄚頡、定理三府叛平之。太宗即位有定策功，會同中伐晉，率兵先出雁門，下忻、代。世宗初立，以兵往應，以李胡戰於泰德泉敗之。與兄剌葛謀亂，妻粘睦姑告變，太祖誓而免之，復叛見擒，杖而釋之。子察割弒逆被誅，穆宗赦通謀罪，放歸田里。蘇字雲獨昆第六，神冊五年爲惕隱，六年爲南府宰相。言無隱情，太祖尤愛之。滄州節度使，劉守文求救，太祖命德救。在南府以賄聞，民頗怨。征渤海還薨，已以並係季文房。

遼史卷七三蕭敵魯傳：

蕭敵魯字敵輦，其母爲德祖女弟。

德祖宗室號三房稱橫帳。

蕭韓家奴疏始行追冊玄德二祖。

德祖族屬號三父房稱橫帳。（註一五）

第八目　迭剌氏之阿保機

(八)太祖大聖大明神烈天皇帝姓耶律氏諱億字阿保機小字啜里只，契丹迭剌部霞瀨益石烈鄉耶律彌里人。

遼史卷六四皇子表：

太祖四子：倍小子圖欲第一，神冊元年立爲皇太子，天顯元年爲東丹國人，皇王建元甘露，稱制行事，置左右大相及百官，用漢人。聰敏好學，通陰陽醫藥箴炙之術，知音律，善畫，工文章。太祖征烏古，黨項，倍爲先鋒都統，經略燕地至定州。太祖與李存勗相拒于雲碧店，引兵馳赴，存勗退走。陳渤海可取之計。天顯元年從征渤海，拔扶餘城，太祖欲括戶口，諫止，且勸乘勢攻忽汗城，夜圍降之。唐李從珂自立，密報太宗曰從珂弒君不可不討。唐遣人來招倍，浮海奔唐，唐人迎以天子儀衛，改瑞州爲懷化軍拜節度使。唐明宗賜姓東丹，名慕華，改賜姓李名贊華。太宗謚曰文武元皇，世宗謚讓國皇帝，統和中更謚文獻皇帝，重熙二十年增謚文獻欽義皇帝，（其詳系另文論述）太宗德光第二見帝紀。李胡一名洪古字奚隱第三，天顯五年立爲皇太弟兼天下兵馬大元帥，勇悍多力，徇代北攻寰州多俘而還，太宗凡親征，常留守京師。性酷忍，小怒輒黥人面，或投水火中。世宗即位于鎮陽，太后怒，遣李胡將兵往擊，至泰德泉爲安瑞、劉哥所敗，取律屋質諫太后、李胡作色曰，我在凡欲安得立。屋質曰民心畏公酷暴，無如之何，太后曰我與太祖愛汝異於諸子，諺曰偏憐之子，不保業，難得之婦，不主家，我非不欲立汝，汝自不能矣，李胡往世宗軍議和解　而後見和約定，趨上京。有告李胡與太后謀廢立，徙祖州。穆宗時喜隱反連李胡，囚之，死于囚所，年五十，葬玉峰山西谷。二子宋王喜隱，衛王宛。牙里果字敵輦第四宮人蕭氏生，自晉還始爲惕隱，性沉默，善騎射。天顯三年救耶律沙于定州，爲李嗣源所獲，至石晉立，始得還，以病薨。二子敵烈，奚底皆知名。（註一六）

自遼太宗以下各帝世系甚明，無庸贅述。

第三節　契丹八部之融合

八部之制，由來已久，祝融其後有八姓，「本洪範八政」，（註一七）四方四維置八部帥。（註一八）魏書官氏志：

諸方雜人來附者，總之烏丸，各以多少稱酋，庶長分爲南北部，復置二部大人，以統攝之，時帝弟觚監北部，子寔君監南部，分而治。

天興元年十二月置八部大夫，……其八部大夫於皇城四方四維面置一人，以擬八座，謂之八國。

天賜元年十一月以八國姓族難分。

神瑞元年春置八（部）大人官……總理萬機故世號八公。（註一九）

第一目　古代之八部

上舉魏書可證八部之來源甚早，然八部實不始於魏之拓跋氏。西域圖考今波斯國有北八部之境。帕米爾圖說：帕米爾，古稱帕米勒尼亞，波斯語云：世界屋頂（指平屋頂），後轉稱帕米爾，俗稱八帕（

續按帕即部）。（註二〇）匈奴八部（漢光武建武）二十四年春八部大人共議立比爲呼韓邪單于，以其大父嘗依漢得安，故欲襲號。（註二一）突厥有八部。（註二二）羌有八種。（註二三）高麗有八部落。（註二四）百濟大姓有八族。（註二五）渤海大氏凡八部。（註二六）室韋八部、敵烈八部、婆里八部。（註二七）高車八部。（註二八）普爾八部。（註二九）等不一。契丹族相沿爲鮮卑族系，自然有八部，其八部之組織有主八部同源說，（註三〇）有主八部兄弟複合體形兩半部說。（註三一）有主八部併合說，（註三二）有主八部混合說，（註三三）筆者主八部漸次融合說。北魏拓跋氏爲將八部族漸次融合爲八姓族，即是最好例證。茲分述如下：

遼國官制是沿北魏之北南部大人制，而爲北南院官制，遼史卷四五百官一：

遼國官制分北南院，北面治宮帳、部族，屬國之政。南面治漢人州縣租賦軍馬之事，因俗而治，得其宜矣。（註三四）

遼國北南面官是沿北魏之舊，因契丹大賀氏爲北魏東部大人，承其制爲自然之事。北面官治宮帳、部族、屬國之政。契丹部族之組織：遼史卷三二部族上：

（契丹）戎備整完，卒之虎視四方，疆朝弱附。東踰蟠木，西越流漠，莫不率服，部族實爲爪牙云契丹古八部：

奚萬丹（續按丹亦稱斤）部

何（續按本紀曰阿恐對）大何部

伏弗郁部
羽陵部
日連部
匹絜部
黎部
吐六于部

契丹之先曰奇首可汗，生八子，其後族屬漸盛，分爲部居松漠之間。今永州木葉山有契丹始祖廟，奇首可汗、可敦併八子像在焉。潢河之南，土河之北，奇首可汗故壤也。（註三五）

契丹古八部首見北魏書契丹傳，契丹之先曰奇首可汗，生八子，其後族屬漸盛，分八部而統之，北八部爲族屬，非爲契丹之族系。況契丹古八部，亦未一定爲後之八部見魏書卷六顯祖紀六：

顯祖皇興元年二月，高麗、庫莫奚、具伏弗郁、羽陵、日連、匹黎爾、于闐諸國遣使朝貢。

顯祖皇興二年四月：高麗、庫莫奚、契丹、具伏弗郁、羽陵、日連、匹黎爾、叱六于（績按即吐六于之同音異字譯）、奚萬丹（高祖紀曰奚萬斤）、阿大何（即何大何，績按以阿字爲對）、羽真侯、于闐波斯（後稱伊郎是否與移剌有關）國各遣使朝獻。（註三六）

魏書卷一百契丹傳：

（契丹）顯祖時：：奚萬丹部、阿大何部、伏弗郁部、羽陵部、日連部、匹潔部、黎部、吐六

于部等各以其名馬文皮人獻。(註三七)

魏書顯祖紀與契丹傳所謂契丹古八部之八部，只是勉爲成立，由顯祖本紀契丹爲朝獻十二部中之一部，因契丹古八部，非是契丹族系純粹之八部，而是族屬之八部都甚爲勉強。遼史卷三二部族上：

奇首八部爲高麗蠕蠕所侵，僅以萬口附于元魏，生聚未幾。北齊見侵，掠男女十萬餘口。繼爲突厥所逼，寄處高麗，不過萬家，部落雜散，非復古八部矣，別部有臣附突厥者。內附於隋者，依紇臣水而居，部落漸衆，分爲十部，有地遼西五百餘里。(註三八)

契丹奇首可汗之古八部有離附突厥之部衆，有新附之部族，計爲十部。

隋契丹十部：遼史卷三二部族上：

元魏疑莫弗賀勿于，畏高麗蠕蠕侵逼，率車三千乘，衆萬口內附，乃去奇首可汗故壤，居白狼水東。北齊文宣帝自平州三道來侵，虜男女十餘萬口，分置諸州，又爲突厥所逼，以萬家寄處高麗境內。隋開皇四年諸莫弗賀悉衆款塞，聽居白狼故地。又別部寄處高麗者日出伏等率衆內附，詔置獨奚那頡之北。又別部臣附突厥者四千餘戶來降，詔給糧遣還，因辭不去，部落漸衆，徙逐水草，依紇臣水而居，在遼西正北二百里，其地東西五百里，南北三百里，分爲十部，逸其名。(註三九)

契丹奇首古八部至隋爲十部，均逸其名。

第二目　大賀氏之八部

大賀氏由於賀蘭部而來，其部大者曰大賀氏，唐書卷一四九下：

契丹居黃水之南，黃龍之北，鮮卑之故地。（中略）逐獵往來，居無常處，其君長姓大賀氏，勝兵四萬三千人，分爲八部，若有徵發，諸部皆須議合，不得獨擧，獵則別部，戰則同行。（中略）（武德）六年其君長咄羅遣使貢名馬豐貂。貞觀十八（六四四）年伐高麗至營州會其君長，授其蕃長窟哥爲左武衛將軍，（開元）二十二年窟哥等部咸請內屬，乃置松漠都督府，以窟哥爲左領軍將軍兼松漠都督府極縣男，賜姓李氏。（註四〇）

冊府元龜卷九七七：

開元二十二年十一月契丹窟哥率其部內屬，以契丹部爲爲松漠都督府，拜窟哥爲使，持節十州諸軍事。松漠都督又以其別帥達稽部置峭落州，紇使部置彈汗州，獨活部置無逢州，芬問部置羽陵州、突便部置日連州、芮奚部置徒河州，逐斤部置萬丹州、伏部置疋黎、亦山二州，各以其酋長辱紇主爲刺史，俱隸松漠焉。（註四一）

新唐書卷二一九契丹傳：

契丹至元魏自號曰契丹，（中略）其君大賀氏，有勝兵四萬，析八部。（中略）以窟哥爲使持節十州諸軍事。以達稽部爲峭落州（註四二）、紇使部爲彈汗州，獨活部爲無逢州、芬問部爲羽陵州，突便部爲日連州，芮奚部爲徒河，墜斤部爲萬丹州，伏部爲匹黎、赤山二州俱隸屬松漠府。（註四三）（遼史卷六三世表一同引）

冊府元龜大賀八部祈紇使部與新唐書之紇便部相異，突使部與突便部恐是一字之誤。遂斤部與墜斤部爲字之異譯。遼史地理志一：四曰芬阿與冊府元龜，新唐書契丹之芬問部異。總之大賀氏之八部中有變動，非是八子之族民，而是屬民，漸次融合爲一。其八部大人之推選，由北魏拓跋氏八部大人證世選非是定制。以大賀氏世系傳位爲證明。

第三目　遙輦氏之八部

遙輦氏八部：遼史卷三二部族上：

部落曰部，氏族曰族，契丹故俗分地而居，合族而處，有族而部者，五院六院之類。有部而族者，奚王室韋之類也。有族而不部者，遙輦九帳皇族三父房是也。（中略）大賀氏仍爲八部，而松漠、玄州別出亦十部也。遙輦氏承萬榮，可突于散敗之餘，更爲八部。然遙輦迭剌別出又十部也，阻午可汗析爲二十部。

遙輦阻午可汗二十部：耶律七部；審密五部；八部湟里相阻午可汗，分三耶律爲七；二審密爲五，并前八部爲二十部。三耶律：一曰大賀、二曰遙輦、三曰世里，即皇族也。二審密：一曰乙室巳；二曰遙輦、三曰世里，即皇族也。二審密：一曰乙室巳；二曰拔里、即國舅也，其分部皆未詳。可知者曰迭剌、曰乙室、曰品、曰楮特、曰烏隗、曰突呂不、曰湼剌、曰突舉。（註四四）

有族不部者，遙輦九帳（遙輦九帳大常袞司掌遙輦：洼可汗、阻午可汗、胡剌可汗、蘇可汗、

鮮質可汗、昭古可汗、耶瀾可汗、巴剌可汗、痕德菫可汗九世。)(註四五)

遙輦有族不部，遙輦九帳，即傳位九世。九世可汗中有胡剌可汗亦賀蘭可汗，耶瀾可汗亦移剌可汗。皇族三父房即三耶律氏一曰大賀氏、二曰遙輦氏、三曰世里氏。有族不部即爲傳世之統治階級。審密五部：一曰乙室已二帳即大翁氏、小翁氏；二曰拔里二帳即大父、小父、述律氏謂，所謂二審密氏爲五。八部湼里相阻午可汗，八部可知者曰迭剌、曰乙室、曰品、曰楮特、曰烏隗、曰突呂不、曰剌、曰突舉。而遙輦氏是否爲八部中之一部，茲分證如下：

一迭剌：遼史卷三二部族上：

迭剌部其先曰湼勒，阻午可汗分其營爲部節度使，屬西南路招討司，居黑山北司，徙居郝里河側。(註四六)

遼史卷三七地理志一：

太祖以迭剌部之衆代遙輦氏，起臨潢建皇都併渤海，得城邑之居百有三。(註四七)

二乙室：遼史卷三二部族上：

乙室部其先曰撒里本，阻午可汗之世，與其兄益古分營而領之曰乙室部。乙室國舅帳名。(註四八)

三品部其先曰拏女，阻午可汗以其營爲部。(註四九)

四楮特：楮特部有洼可汗(註五〇)蕭德字特末隱，楮特人。

蕭惟信字耶寧，楮特部人。（註五一）

五六烏隗部與涅剌部：烏隗部其先曰撒里卜與兄涅勒，阻午可汗析爲二，撒里卜爲烏隗部。涅勒爲剌部，俱隸北府。烏隗部節度使屬東北路招討司。涅剌部分其營爲部節度使，屬西南路招討司。（註五二）蕭阿魯節字乙辛隱，烏隗部人。（註五三）烏隗部與涅剌部屬蕭國舅族系。

七八突不呂與突舉：突呂不部其先曰塔古里領三營，阻午可汗命分其一與弟航斡爲突舉，塔古里得其二，更爲突呂不部隸北府節度使，屬西北路招討司，司徒居長春州。突舉部其先曰航斡阻午可汗，分營置部，隸南府，戍於隗烏古部司徒居冗泉側石烈二（註五四）

耶律欲穩字轄剌干，突呂不部人，祖臺押遙輦時爲北邊拽剌。（註五五）

耶律解里字潑單，突呂不部人。

蕭速撒字禿魯堇，突呂不部人。蕭陶蘇斡字乙辛隱，突呂不部人。（註五六）突不呂部有耶律欲穩，耶律解里；亦有蕭速撒，蕭陶蘇斡人，因此可證之，突不呂部有契丹人之耶律氏，亦有回紇人之蕭氏，該部亦可稱謂耶律氏與蕭氏組成混合部。

遙輦氏時之八部：迭剌部、突不呂與突舉部爲耶律氏之三部；乙部、楮特部、烏隗與　剌部四部爲國舅帳，品部其部屬不明，而突不呂與舉部兩部可謂耶律氏與蕭氏之混合部。因此可證遙輦時之八部已是混合之八部，非是八部同源、同宗、同族之說，其劃分亦非純如愛宕氏區劃：

迭剌—迭剌（雅里、益古）右大部（雅里）

耶律：（三耶律）品—品（拏女）
突舉—突舉（航斡）
突呂不（塔古里）
乙室（撒里本）
乙室—
楮特（阻午可汗）
審密：（二審密）
收里—烏隗（撒里卜）　楮特
左大部（阻午）（註五七）
涅剌（移剌）

塞北民族向爲兩半部族制組織，筆者於前論開宗明義即已述明，愛宕氏將契丹族屬，分爲兩半部制是甚有見地，然筆者就前論證結果，愛宕氏如此勉強這樣劃分法，恐有未妥，正如筆者已將遙輦氏八部中分爲耶律氏族屬部與蕭氏族屬部，亦正是兩半部之表現。

更非遼史遙輦氏八部，旦利皆部、乙室活部、實活部、納尾部、頻設部、納會雞部、集解部、奚温部。（註五八）田村氏實造亦以遼史遙輦氏之八部爲準，（註五九）陳述氏竟將漢高祖實錄、新五代史、東都事略契丹、遼史部族志、契丹國志初興本末、遼志、通考契丹上、遼史地理志一之大賀氏之八部均誤爲遙輦之八部。（註六〇）茲分述證之如下：新五代史四夷附錄第一：五代之際以名見中國者十七八，而契丹最盛，自後魏以來名見中國。……居潢水之南，黃龍之北，……其部族之大者曰大賀氏，後分爲八部其一曰但皆利部，二曰乙室活部，三曰實活部、四曰納尾部、五曰頻設部、六曰內會雞部、七日集解部、八曰奚嗢部。（註六一）五代史大賀氏之八部與遼史遙輦氏之八部相較如左：

五代史大賀氏八部：

但皆利、乙室活、實活、納尾、頻設、內會雞、集解、奚　。（註六二）

遼史遙輦氏八部：

旦利皆、乙室活、實活、納尾、頻設、納會雞、集解、奚　。（註六三）

五代史大賀氏八部與遼史遙輦氏八部，其部名同而音「亦同只有內與納一字異，然音亦同，此正爲遼史部族表之言：

「（契丹）部落之名姓氏之號，得其音而未得其字，歷代踵訛，艱於考索，契丹氏與諸部相通，往來朝貢，及西遼所至之地，見於紀傳，亦豈少哉。」

金氏毓黻撰東北通史卷五論契丹之八部：

大賀氏之八部，未必出於奇首可汗之八子。……然八部之制，出自傳說，後世遵之不易，蓋視爲天經地義。考五代史，東都事略，契丹國志，皆以八部屬於大賀氏，惟遼史營衛志大賀氏之後，繼以遙輦氏，各有八部，又云涅剌所統迭剌部，別自爲部，不與其列，并遙輦爲十部。太祖爲迭剌部人，是則契丹之世系，初爲大賀氏，繼爲遙輦氏，最後爲迭剌氏。大賀、遙輦二氏，各有八部，而迭制氏不在遙輦八部之中，然有可疑者，遙輦氏既有八部矣，何以又謂遙輦氏在八部之外，與迭剌合爲十部，知遙輦氏不在八部之外。則迭剌亦費考校矣，愚意契丹之八部，來源既古，仍當屬於大賀氏，其後遙輦、迭刺二氏繼起，而八部之制不變，迭刺氏之初雖不爲八部之一，然必爲其中某一部之附庸，故通鑑稱阿保機之自爲一部，爲他七部所許，又謂阿保機擊滅七部，此皆迭刺一部，不出八部之外之證也。（註六四）

金氏以大賀氏之八部，未必出於奇首可汗之八子，甚有見地，然八部之制，出自傳說，亦未盡然，北魏拓跋氏已有八部之制，並恐與大賀氏有一脈相承之義，更早有匈奴之八部。八部五代史明記爲大賀氏之八部，東都事略與契丹國志含義不明，恐以他史推之。遙輦氏不在遙輦氏之八部之中，已見前證。迭刺爲遙輦氏八部之首部，金氏以迭刺部不出八部之外，甚有見解。

第四目　迭刺氏之八部

迭刺氏八部：遼史三四兵衛志上：

至唐大賀氏勝兵四萬三千分爲八部，大賀氏中衰僅存五部，有耶律雅里者，分五部爲八，立二府以總之，析三耶律氏爲七，二審密氏爲五，凡二十部。（註六五）

遼史卷三二部族上：

（雅（註六六））里相阻午可汗，分三耶律爲七，二審密爲五，并前八部爲二十部。三耶律一曰大賀、二曰遙輦、三曰世里，即皇族也。二審密一曰乙室已、二曰拔里即國舅也，其分部皆未詳。可知者曰迭刺、曰乙室、曰品、楮特、曰烏隗、曰突呂不、曰涅刺、曰突舉。（註六七）

里相阻午可汗，分三耶律爲七，三耶律一曰大賀氏二曰遙輦氏三曰迭刺氏，分三耶律爲七即曰乙室、曰品、曰楮特、曰烏隗、曰突呂不、曰涅剌、曰突舉。二審密氏爲五：曰拔里二房曰大父，少父，乙室已亦二房曰大翁、小翁、述律。（註六八）共五氏，七加五與八共二十部。

分三耶律爲七加迭剌爲八部，其中六部仍見於遼史卷三五兵衛志中：

烏隗部、突不呂部、涅剌部、乙室部、品部、楮特部。（註六九）

只缺突舉部。言遼朝契丹人不止八部：

唐末契丹逐漸強盛，部落日益衆多，不但不止八部，也不止十部或二十部。……所謂八部，應當是這些衆多部落中高一等的強豪，依四面八方的區域爲便於統率各部族推舉出來的。他們有推舉大可汗，所謂「八部大人」的義，也有被推選的資格。（註七〇）

八部爲強有力量之部落組織，除此八部外，亦有衆多部落，遼史卷三二部族上：

至於遼太祖析九帳三之族，更列二十部。（註七一）

通鑑卷二八六：遼太宗佔領汴京向漢大臣公開宣布：

吾國廣大，地方數萬里，有君長二十七人。（註七二）

聖宗時有五四部：遼史卷三三部族上：

聖宗之世分置十有六，增置十有八，并舊爲五十四，附庸十部。（註七三）

遼時有四大部族、五十四部族、七七諸國、八大部六十諸部。（註七四）共計二〇三屬國部，與北魏拓跋氏所屬部一二三相較，有過之而無不及，這些部屬，多爲契丹族所融合。

【附　註】

註　一：Karl A Wiffgogel and Feng Chia Shing: History of Chineses ociety Leao p. 59; Rolf Stein Leao–Jche p. 29, Jung PaoSeris II vol. XXXV. 遼史卷三十二葉七下。

註　二：遼史卷三三葉一下。

註　三：遼史卷二太祖下葉八上下。

註　四：遼史卷六三世表一葉七上；葉八下。

註　五：遼史卷三四兵衛志上葉一上。

註　六：遼史卷三十七地理志一葉七下。

註　七：遼史卷一〇三蕭韓家奴葉五上。

註　八：遼史卷六三世表一葉七下。

註　九：遼史卷六三世表二葉十一上。

註一〇：說文解字註篇十下葉二五下總頁五〇七。

註一一：段玉裁著說文解字篇十上葉四一上總頁四八五。

註一二：遼史卷二太祖二葉八上；卷廿七天祚紀一葉三下；卷四五百官志十五葉十七上；卷六四皇子葉二

上，卷六六皇族表葉二下；卷七十后妃傳一葉一下。

註一三：遼史卷二太祖二葉八上；卷五九食貨上葉一下；卷六四皇子表葉二下；卷五八儀衛志二七葉二上；卷七五耶律鐸臻五葉二下；卷七七耶律安摶葉五上；卷一〇三蕭韓家奴傳葉五上，卷六七部族表葉一上。

註一四：遼史卷二太祖紀二葉八下；卷一太祖紀上葉一上；卷三曰志四葉一下；卷四五百官一葉十八上；卷六九部族表葉一上下。

註一五：遼史卷二太祖紀二葉八上；卷一太祖紀上葉二上；卷四五百官一葉十八上；卷六四皇子表葉三上—六下；卷六六皇族表葉六上；卷七三蕭敵魯傳葉四上、葉六下；卷一〇三蕭韓家奴傳葉五上；卷一一六葉九上。

註一六：遼史卷六四皇子表葉七下—十下。

註一七：魏書一百十食貨志葉一上；漢書三十四食貨志四上葉一上。祝融其後八姓於周末。徐中舒著：月氏爲虞後及氏和　的問題，燕京學報期十三頁三三〇。

註一八：魏書同葉二上。

註一九：魏書卷一百十三官氏志葉一下；葉二下；葉四下；葉六上。

註二〇：史記地名考頁八九六；清駐俄大使許景澄著帕米爾圖，衛挺生著：穆天子傳今考頁二二二。

註二一：後漢書卷八九南匈奴列傳葉四下—五上。

註二二：法人沙畹云：「突厥八部，李符桐著：邊疆歷史頁二〇七。

註二三：邵星巖輯：薄海番域錄卷四葉六下總頁一九四。

註二四：三國史記卷十八高句麗本紀六頁一八五；另說高麗五族：御覽七八三四夷部四高句驪摘南史條：高麗本有五族有消奴部、海奴部、愼奴部、灌奴部、桂婁部。

註二五：新唐書二二〇百濟傳；通考卷三二六四裔考三頁二五六三。北史百濟傳同新唐書、御覽七八一四夷部二百濟傳同通考引。

註二六：隋北番風俗記，邵星巖輯：薄海番域錄卷四葉一上。

註二七：陳述著：契丹史論證稿編三頁四〇。

註二八：冊府元龜卷九五六葉十二上。

註二九：續通考卷二五〇四裔考頁四八四六。

註三〇：田村實造著：中國征服之王朝頁七六。

註三一：愛宕松男著：契丹古代史之研究頁四五。

註三二：金毓黻著：東北通史上卷頁四四〇。

註三三：陳述著：契丹史論證稿頁二九。

註三四：遼史卷四五百官一葉一下。

註三五：魏書卷一百契丹傳葉十五下；遼史卷三三部族上葉五上下、六上。

註三六：魏書卷五顯祖六葉四下—五下。
註三七：魏書卷一百契丹傳葉十五下。
註三八：遼史卷三二部族上葉四上下；遼史卷三七地理志永州條。
註三九：同前書葉六上。
註四十：舊唐書卷一四九下葉五上下。
註四一：冊府元龜卷八七七葉十八上下。
註四二：新唐書卷二一九契丹傳葉一下。
註四三：新唐書卷二一九契丹傳葉一下。
註四四：遼史卷三二部族上葉四上下，葉七下—八上。
註四五：遼史卷四五百官一葉二十上。
註四六：遼史卷三二部族上葉一上。
註四七：遼史卷三七地理志一葉一上。
註四八：遼史卷三二部族上葉四下。
註四九：同前書葉二下。
註五〇：同前書葉三上。
註五一：遼史卷九六蕭惟信傳葉五上下。

註五二：遼史卷三二部族上葉三上下。
註五三：遼史九四蕭阿魯帶傳葉二下。
註五四：遼史卷三二部族下葉三下—四上。
註五五：遼史卷七三耶律欲穩傳葉六下—七上。
註五六：遼史卷九九，蕭速撒傳，一〇一，蕭陶蘇斡傳。
註五七：愛宕松男著：契丹古代史之研究頁一〇四。
註五八：遼史卷三二部族上葉七上下。
註五九：田村實造著：中國征服王朝之研究頁七六。
註六〇：陳述著：契丹史論證稿頁三二—三。
註六一：新五代史卷七二四夷附錄第一葉二下—三上。
註六二：新五代史卷七二四夷附錄第一葉一下—二上。
註六三：遼史卷三二部族上葉七上下。
註六四：金毓黻著：東北通史卷五頁四四四—五。
註六五：遼史卷三四兵衛志上葉一上下。
註六六：羅繼祖撰：遼史校戡記卷三十二頁一〇八：世表，耶律儼遼史書爲涅里，陳大任書爲雅里，實爲遼始祖一名之異譯。

註六七：遼史卷三二部族上葉八上。
註六八：遼史卷六七外戚表葉一上下。
註六九：遼史卷三五兵衛志中葉八—十上下。
註七〇：姚從吾著：說遼朝契丹人的世選制度，東北史論叢冊上頁三一七。
註七一：遼史卷三二部族上葉四下。
註七二：通鑑卷二八六頁九三三八，後漢高祖十二年十五條。
註七三：遼史卷三二部族上葉四下。
註七四：遼史四六百官志二北面部族志葉三—五上下，二九—三二上下；李愼儒撰：遼史地理志考，二五史補編頁八〇九六；部族五二，屬國六十。

第四章　契丹族姓源流考

契丹族系已明，契丹族姓，契丹族名，契丹國名，契丹族地論述於后：

第一節　契丹姓族源流考

耶律氏之源起，應遠溯於北魏之東部大人賀蘭氏（魏書賀訥傳）。代公托跋弗盛後，於晉愍帝時封東部大人猗盧爲代王，後被襲殺，部衆立其繼父鬱律爲代王，爲猗㐌（盧）妻所殺，立其子賀傉。鬱律子什翼犍，幼在襁褓中，恐爲猗㐌妻所殺，被其母裝入褲中隱藏未哭得免死。（註一）賀傉卒後，弟紇那立（註二）鬱律長子翳槐（律），居於其舅家賀蘭部，紇那遣使求之，賀蘭部大人藹（葛）頭，擁護不遣，紇那與宇文部共擊之不克，紇那敗走宇文部。翳槐遣弟什翼犍，質於後趙石虎，以求和平。（註三）賀蘭部爲代東部大人靄頭，子賀野干，賀野干長子賀訥，次子賀染干，代王什翼犍世子實，娶東部大人賀野干之女，生男曰涉圭（註四）賀訥大人，太祖（涉圭）之元舅，獻明后之兄，昭成（什翼犍）崩，諸部乖亂，獻明后與太祖及衛、秦二王依訥，訥統攝東部大人，衆多歸之，於諸部大人，請訥舉太祖爲王，太祖登代王于牛川（山西右玉縣邊牆外）（註五）由上所述，鬱律可能爲耶律，則托跋氏先世之王姓，與契丹姓族有著密切之關係。

元魏東部爲賀蘭部（魏書賀訥傳）契丹姓族稱賀蘭，賀蘭部族所經之地，稱賀蘭山，「賀蘭山在寧夏保靜縣（原稱賀寶縣）西南九十三里，山有樹木白如駮（駁），北人呼駮馬爲賀蘭。」（註六）賀蘭氏，屬何族系，「賀蘭爲鮮卑之類，多依山谷爲氏族，今賀蘭姓者，因此山名。」（註七）賀蘭氏以賀蘭山而得名，而賀蘭之義爲駮馬，駮馬即馬騾，亦即駝馬「馬父驢母曰駃騠。古今註：以牡馬牝驢之騾（馬騾）」（註八）「駃騠義爲賀蘭」（註九）「蒙古馬曰移剌馬」（註一〇）故賀蘭爲駮馬，駮馬即移剌馬，而賀蘭可稱移剌，移剌則謂契丹之姓族。

耶律姓氏源於元魏王姓鬱律。以居地爲姓族耶律。「阿保機自僭稱爲天皇王，所居地名爲姓曰世里，譯者謂之耶律。」（註一一）「契丹族，本無姓氏，惟以所居名命呼之，婚嫁不拘地里，自阿保機爲國家之後，以所居之地名世里沒里。世里者上京東二百里地名也，今有世里沒里，以漢語譯之，謂之耶律。」（註一二）遼太祖本紀：「太祖天皇王姓耶律氏，諱億，字阿保機，小字啜里只，契丹迭剌部，霞瀨益石烈鄉，耶律彌里人。」（註一三）綜上所述，耶律始源元魏先祖鬱律，次起世里（梟羅個），蒙語稱謂移剌，亦即西剌木倫。故有遼史上稱契丹姓族爲耶律，而金元史才有移剌與耶律氏之雜稱。此正如王靜安氏之元秘史之主因亦兒堅考附錄：「契丹初起時之人名，部名中如耶律氏之始祖，其名爲泥禮（舊唐書契丹傳）或涅里（耶律儼遼實錄）或雅里（金陳大任遼史）。其姓氏耶律、世里：迭剌等爲同名之異譯。」（註一四）亦「遼史阿保機、李琪金門集賜契丹詔曰阿布機、趙志忠稱阿保謹。」（註一五）均爲同名之異譯是一樣的。

元以後耶律氏改姓律氏，孛蘭奚雍吉烈（翁吉剌）氏，世居應昌，祖忙哥。以后族備太祖宿衞，父律實，狀魁偉，有謀善射，太宗嘗問以軍旅之事，應對稱旨，即命爲千戶，尋以爲齊王府司馬。後從睿宗（拖雷）伐金有功，詔還宿衞，以疾卒。子孛蘭奚。（註一六）雍吉烈氏即元史弘吉剌氏，亦秘史翁吉剌氏。馮承鈞云有人主弘吉剌氏爲突厥種實際如「也速該（鐵木眞父）長妻額格爲翁吉剌氏分族韓勒忽訥特氏，額倫之義爲雲，曰夫人，乞觧（契丹之異譯）（註一七）弘吉剌氏五代（祖）有乞之名（註一八）故弘吉剌氏爲契丹（乞觧）族系，而律實之律，可能爲耶律氏之簡稱律氏。

明代律商爲明朝錦衣衞都指揮。（註一九）清代律月爲清朝之釋人，善書畫。（註二〇）民國以來亦有律氏如律子正等。

耶律氏改爲漢姓，計有劉、蕭、王、李等分述如下：

㈠劉氏、金史語解：「移剌曰劉。」（輟耕錄同引）移剌（耶律）之譯劉姓，始之遼初：

遼史七十一：「太祖慕漢高帝皇故耶律兼稱劉氏。」

金史卷一一八武仙傳：「移剌瑗本名粘合，字廷玉，世襲契丹猛安，累功鄧州便宜統帥（舉城來降宋）使更姓名稱歸正人劉介。」

元耶律楚材湛然居士集卷二：有丁亥過沙井和移剌子春韻二首，卷三有和移剌子春見寄凡五首，卷四有寄沙井劉子春；卷十寄移剌子春詩：「詵與沙城劉子春，湛然垂老酷思君。」由移剌子春，改漢姓劉子春。

李直夫虎頭牌雜劇有耶驢（律）姓劉

嘉靖開州志㈤官師：「元劉德裕，本遼東丹王耶律之胄，嘗歷州郡，多善政。」

據上所引移剌氏（耶律氏）自遼初至金元以後釋劉姓已被當時社會人士所公認，而今由史料證之正是事實確鑿。

㈡王氏：見

舊唐書一四二王武俊傳：「武俊契丹怒皆部落（人）也。」武俊子士眞、士清、士平、士則。士眞子承宗，承元，唐書皆有傳。

金史二太祖紀收國七年耶律鐸剌，即遼史屬國表天慶六年四月稱曰族人者，大金弔伐錄、茅齋自敘與東都事略卷一二五並稱五移剌。

元史一四九王珣傳：「珣字君寶，本姓耶律氏，世爲遼大族。金正隆末，契丹窩斡叛，祖成，從母氏避地遼西，遂爲義州開義人。」珣子榮祖，字敬孝。

洪邁夷堅志丙志：「王補，錦州人，亦契丹（人）也。」

高麗史廿三「高宗四年有契丹人王侯烈。」

移剌氏改爲漢姓王氏自唐時之舊唐書記載始至元末，王姓契丹人，在文獻中很不少。

㈢蕭氏：

遼史卷百十六國語解：「契丹后族漢姓蕭，以契丹書者曰石抹。」遼史蕭氏衆多，勿贅引。

金史卷八二：「蕭仲恭本名朮里者，祖撻不也，仕遼（爲契丹人）。」

元姚燧牧菴集㈧承顏亭記：「仁卿名恕，遼氏遺裔也，由金人惡耶律爲字有父嫌，諱爲移剌，後逃亂奔宋，再諱爲蕭氏。」由上引，蕭氏爲契丹后族之大族，且耶律氏改爲蕭姓者亦夥。

㈣李氏：

五代會要卷二九契丹：「長興元年（九三〇）十一月，契丹渤海東丹王突欲，率番官四十餘人，馬百匹，自登州泛海內附。……賜姓東丹，名慕華。……二年九月復姓李名贊華。」

新五代史四夷附錄第一：「突欲不得立。長興元年（九三〇）自扶餘泛海奔于唐，明宗因賜其姓爲東丹，而更其名曰慕華。……二年（九三一）更賜突欲姓李，更其名贊華。」

契丹國志卷二太宗紀上：『天顯四年（後唐明宗長興改元）十一月契丹東丹王突欲失職怨望，帥其部曲四十人越海奔唐，唐賜姓東丹，名慕華，明年改賜姓李名贊華，以懷化節度使。

通考四裔考契丹上：「突欲不得立，長興元年（九三〇），自扶餘泛海奔唐，明宗賜其姓爲東丹，更名曰慕華，拜懷化軍節度使，後又更姓李，名贊華。」

第二節　契丹族名源流考

契丹族名之義，首由德人克拉普羅多氏（Klaproth）主Djungar（準格爾）olot方言謂：鋼鐵曰Khatin與契丹（Khatan）一語音相酷似。（註二一）突厥闕特勒碑文稱契丹曰Kytain（註二二），因之施考特（Schott）主蒙古語謂切斷、殺害等Kitukhu謂割稻等曰Katukhu謂小刀曰Kitugu即契丹之對音，原爲切斷之義云。（註二三）白鳥庫吉又謂通古斯族中之Managir等七族謂小刀曰Kato，Kato與契丹二字有語脈相通之故，（註二四）愛宕松男氏亦是沿白鳥庫吉氏說主小刀之切斷，殺害之義。（註二五）

契丹族系係屬鮮卑，其族名應從此族系名中求之，而契弊（苾）仍保有鮮卑之沿稱，隋書卷八四鐵勒傳：

伊吾以西，焉耆之北，傍白山，則有契弊等勝兵二萬。……鐵勒厚稅，斂其物叛。……契蔽歌楞爲易勿真莫何（賀）可汗，居貪山。（註二六）

新唐書卷二一七下回鶻傳契苾條：

契苾亦曰契苾羽在焉耆西北，鷹娑川多覽葛之南，其酋哥楞，自號易勿真莫賀可汗，弟莫賀咄特勒，皆有勇。莫賀咄死，其子何力尚紐，率其部來歸，時貞觀六年也。詔處甘涼間，以其地爲榆溪州。永徽四年，以其部爲賀蘭都督府，隸燕然都護，何力有戰功，忠節臣也。大和中，其種帳附於振武。（註二七）

隋書鐵勒傳云契弊等勝兵二萬，在伊吾以西，焉耆之北、傍白山。契弊酋名歌楞（績按爲賀蘭之異譯)爲易勿眞莫何(績按亦可稱賀)可汗。新唐書回鶻傳契苾條云契苾亦曰契苾羽在焉耆西北,其酋曰哥楞(績按爲賀蘭之異譯),自號易勿眞莫賀可汗,弟莫賀咄特勒,皆有勇。莫賀(績按亦慕容之異譯)咄死,其子何(績按同賀)力(績按亦同賀)尚紐、貞觀六年,率其部來歸,詔處甘涼間,以其地爲榆溪州。永徽四年,以其部爲賀蘭都督府。可證契苾酋姓賀蘭,其部爲賀蘭都督府,契苾亦可稱爲賀蘭,賀蘭氏可否稱爲契丹,由契弊(苾)在焉耆之北證之,史記證卷百十匈奴傳:

焉耆(即支)山:正義曰焉音煙。括地志云:焉支山一名「刪丹山」在甘州刪丹縣東南五十里。西河故事云:匈奴失祁連焉支二山及識曰:亡我祁連山使我六畜不審息。失我焉支山,使我婦女無顏色,其愍惜及如此。(註二八)

契苾(弊)住於焉耆(月支之異譯)山之北,焉支山據括地志云:一名刪丹山,在甘州刪丹縣東南五十里,因之契苾亦可稱刪丹,刪丹恐爲契丹之異音之譯,契苾亦稱賀蘭氏,賀蘭氏即契丹族系第一族系大賀氏之由來,賀蘭亦可稱爲阿刺善,見那珂通世著:成吉思汗實錄卷二十四:

賀蘭山土人名阿刺善山。(註二九)

焉支山又何稱謂:松田壽男著:亞細亞歷史地圖:

焉耆(支)稱阿刺善(註三〇)

焉耆(支)稱阿拉善,亦可稱賀蘭,賀蘭可否直接稱契丹見韃靼千年史:

阿保機攻渤海,取其扶餘一城(今開平),以爲東丹國。(觀此,可以推知契丹之「丹」字,或係獨立而別具一義者，今高麗猶讀契丹二字如賀蘭Kyoran，或讀Kyolan也。）（註三一）亦即是賀蘭之義。

高麗人爲純粹之阿爾泰語系民族，今高麗人猶讀契丹爲賀蘭，更可證明前論之正確性，因之可謂賀蘭（移刺）爲契丹之族姓，而契丹爲契丹人之族名，兩者可稱爲互爲因果，正如鮮卑爲族名，而蒙格爲鮮卑之自稱爲其族姓是一樣。契弊爲沿鮮卑族名之舊，其鮮卑二字之義，已如前述，而鮮卑二字如何解釋，蒙古游牧記十二青海和碩：

青海在西寧邊外四五百餘里，古名西海曰鮮水海，亦曰仙海，古音讀西如鮮如仙，故先零亦謂之西零也。（中略）北魏始名青海，亦謂之卑禾羌海，又曰鮮禾羌海，世謂之青海。（註三二）

青海可稱卑禾羌海，又可稱鮮禾羌海，因之鮮亦可以卑，而鮮卑之卑，亦不過爲鮮字之長音，而契苾之苾亦可同前之解釋或曰兩半部之名稱。焉耆又可稱刪丹，應讀何音，如按通鑑卷一〇七：

契丹國自西樓東去四十里，至真珠寨，又東行，地勢漸高，西望松林鬱然，數十里，遂入平川。契，欺訖翻。洪邁曰：契丹之讀如喫（イ），惟新唐書有音，種、章勇翻。（註三三）

通鑑讀契欺訖，而古音非是，阮元撰經籍纂詁卷九八左傳文十八

稷契朱虎熊羆之倫，釋文契字當作偰，古文作卨。書舜典，史記司馬相如、漢書古今人表並作卨，說文作偰。說文：偰高辛氏之子，堯司徒、殷之先，從人契聲。（註三四）

契丹之丹字，或係獨立而別具一義者。（註三五）魏書卷一百契丹條：

契丹國……東北群狄聞之莫不思服悉萬丹部。（註三六）

魏書卷七高祖紀：

魏高祖太和四年七月悉萬斤國遣使朝貢。（註三七）

經籍纂詁以契應讀鮮，而魏書悉萬丹（斤）亦讀悉，因之契苾爲鮮卑之相沿之固有形式，而刪丹則亦爲鮮卑，後稱契苾之相沿，刪丹之丹，爲蒙古文之多數，如悉萬丹爲多數，而悉萬斤則爲單數，正如蒙古氏族孛兒只斤爲單數，而索兒只歹爲複數一樣。如「契䚹（丹）」（註三八）與兀窟䚹（即窩闊台）（註三九）契丹本音契丹特（註四〇）按蒙古文tai爲單數，tan爲複數。元秘史二四七節乞塔（契丹）（Kitat）；二五一節乞塔敦（Kitat-un）皆爲複數。（註四一）以上契丹之丹皆爲複數之變化。如果丹字有意義，即正如三史國語解中元史語解察罕台（丹），察罕義白色也，台義爲「有」。（註四二）另義丹可能爲地方之義。（註四三）

總之鮮卑沿稱契苾（弊），而契苾即賀蘭族，契苾住地焉耆（支）則稱刪丹，如寄夫詩：

垂揚寄語山丹，你到江南艱難，你那裡娶個南婆，我這裡嫁個契丹。（註四四）因之山（刪）丹即契丹。

第三節　契丹國名源流考

遼史卷一首稱阿保機契丹，太宗會同元年（九三七）國號大遼，聖宗統和元年改國號爲大契丹，道宗咸雍三年改國號大遼不見於遼史，反見於東都事略卷一二三，可能契丹與遼互爲因果，契丹以遼水爲國號（三朝北盟會編卷三等十二下註）遼之源流：金毓黻撰慕容氏與高句驪：

歷林口（通鑑曰，公孫度時謂之遼口，明人謂之梁房口（見遼東志），爲遼河入海之口，亦即今營口也。遼字之音引長讀之，即爲歷林、梁房，實即遼口，由今營口登岸至蓋平，路不過數十里。（註四五）

遼字之音，引長讀之，即爲歷林，歷林恐即移剌（耶律），歷林口者亦遼口，曹廷杰撰，東北邊防輯要卷上：

巨流河今稱遼河，昔稱巨流河。（註四六）

巨流河即金氏言之歷林河。歷林河見五代史記四夷附錄第一契丹傳

契丹自後魏以來，名見中國。……其居曰梟羅箇沒里，沒里者河也，是名潢水之南，黃龍之北。（註四七）

梟羅箇亦歷林稱即巨流，梟羅箇爲何義，契丹國志初興本末條云：

契丹：地有二水……曰梟羅箇沒里、復名女古沒里者，又其一也。源出饒州西南平地松林，直東流。華言所謂黃河。（註四八）

梟羅箇與女古二詞皆爲黃色，其義甚明，蒙古族之文語謂黃色曰移剌（Sira），達湖爾族（大賀氏）語謂黃色曰薩拉（Sara），因之遼河上游曰黃河即移剌河（即西剌河），其下流遼河稱歷林（巨流）

河即遼河，遼河引長音稱歷林河，歷林河即移剌河之異音譯，因此移剌之縮音可稱遼，其長音（亦複音）爲移剌，移剌可稱爲遼字音，遼史卷之四皇子表：

耨里思肅祖有四子，長曰洽昚字牙新，官迭剌部夷离堇。三曰葛剌。四曰洽禮：（註四九）

蕭祖有四子中長曰洽昚、三曰葛剌、四曰洽禮、三者可謂同音異字，洽昚亦賀蘭，亦移剌，亦洽禮，洽昚之昚亦古文之尞字，釋文序錄稱昚，徵五典是陸氏所據堯典作尞。尞柴祭天也，示部柴下曰燒柴尞祭天也。（註五〇）因知尞爲燒柴祭天，而尞亦即爲天之義，和移剌爲天之義同解，故，移剌爲遼之複音，而遼爲移剌之單音。遼河即天河，尞爲原形，尞爲祭天，遼爲行國之義。（註五一）

第四節　契丹族地源流考

遼史地理志地形舛錯者十之一二，引古書舛錯十之五六，清李愼儒撰遼史地理志考以考核之。其書卷一上京道，卷二東京道，卷三中京道、卷四南京道，卷五西京道，附遼地附錄，天祚播遷處考，西遼地考。所考雖詳，但地名則限於清代所用者。（註五二）以趙鐵寒著。遼史地理志州軍方位考實：其之節一上京道，節二東京道、節三中京道、節四南京道、節五西京道，檢尋遼州軍方位當今何地，頗爲適用。（註五三）譚其驤著遼史地理志補正，補遼史地理志遺漏，頗見功力。（註五四）馮家昇著遼金史地理志互校，以正遼史地志之誤。（註五五）何秋濤撰遼金元北徼諸國傳，則爲外國之民。（註五六）丁謙撰：遼史各外國地理考證，與契丹族考來源甚少關連。（註五七）白鳥庫吉：滿洲歷史地理卷二，只考證東京道、上京道、中京道、古地名當今之何地。甚見功夫。（註五八）然僅是地理位置之考定。今試將契丹族系有關地名源流加以考索：

契丹族系有關地名源流考未述及前，先將亞洲之地理環境略加以鳥瞰，以明其大勢。李學曾編著：亞洲種族地理章二：

第一目　亞洲地理環境之鳥瞰

亞洲在寒武紀以前，所成古大陸，包有今日阿拉伯等。寒武紀後，造山隔絕北水洋的寒氣，山南溫度高，長滿巨大的森林，埋没爲炭層，再造山在亞洲自亞美尼亞山，帕米爾向東達鮮朝半島。白堊紀於歐亞兩洲有一條海灣，自裏海烏拉瓦連到北，地質家稱之曰烏拉灣（Ural Gulf）。當時中亞的氣候溫濕，没有今日嚴寒。自撒哈拉至蒙古間，並無沙漠存在。海風隨時吹入內地，攜帶豐沛的雨量，使草野和森林生長，各種哺乳動物，都能在此優美的環境中繁殖進步，人猿便是其中之一。到新生代的第三紀喜馬拉雅山的造山運動開始，中亞海風不能吹入，森林開始死亡，中亞的人類，便開始向四方遷移。遷於適宜人類之氣候環境中。馬秀（Mathew）：「只有溫帶大陸上，寬展的草原上，適於高等民族的發展。因爲此種氣候下，人類的食物多，病疫少，體力智力均可有長足的進展。亨丁敦（E. Hintington）：「人類發展的中心，尤以亞洲中部爲最適宜」。（註五九）

中亞爲人類之搖籃，自喜馬拉雅山崛起，中亞海風不能吹入，雨量減少，土地乾燥，水草不豐，牧畜不易，人類漸向東遷移。張大軍著：新疆民族變遷及現狀緒論：

遊牧民族、勇敢、豪放，視天地爲廬，故天山南北三千餘年來，人種的匯集，血胤的交流，而循環的民族遷徙歷史爲其特性。這種歷史的演進，完全是由於天山北路的豐美草原與天山南路棋佈的綠洲使然。就新疆整個的地勢言，北有阿爾泰山環繞，西有蔥嶺，南有崑崙爲之屏障，天山橫貫中央。因四週過高，以致中間降落爲平原及盆地，盆地水草豐茂，雖四周盡高山，拔海在兩三千公尺以上，但不能隔絕草原裏的民族遷徙。阿爾泰東南伸入新疆北部，其支脈延及蒙古沙漠，分中國北部爲蒙古與新疆兩大半壁，北爲科部多盆地，南爲準葛爾盆地，來自西北的海洋水氣尚可伸，雨雪較多，草木豐茂，適宜遊牧。（註六〇）

天山南北路之新疆，三千餘年來，爲人種之匯集，血胤之交流，民族遷徙之中心。就新疆整個之地勢論，北有阿爾泰山環繞，阿爾泰山之義據衛挺生著穆天子傳今考：

阿爾泰山即金山，蒙語曰黃金色，故曰金山。然阿爾泰山北段稱天山。（註六一）

阿爾泰山稱金山。環繞新疆之北面。

新疆西有蔥嶺，據清駐俄大使許景澄撰帕米爾圖說：

帕米爾、古稱帕米勒尼亞，波斯語云：「世界屋頂（指平屋頂）」後轉稱帕米爾，俗稱「八帕（績按八部）」（註六二）

帕米爾俗稱八帕（部），亦包括伊朗，見史記地名考卷三十：

西域圖考今伊朗（古波斯）國北八部之境。（註六三）

帕米爾爲八帕（部）而伊朗（蘭）在八帕之內，帕米爾中國人稱爲蔥嶺，新疆山脈圖志山脈一：

釋稱阿耨達池（按天池）在崑崙之脊，回語謂之哈喇淖爾，哈喇與阿耨達音相近，證之古今觀河之所出其蔥嶺之爲崑崙。（註六四）

中人稱帕米爾爲蔥嶺，其義見新疆與圖風土志卷一：

蔥嶺出大蔥卽之崑崙。（註六五）

蔥嶺是否純爲出大蔥得名：諒其他物產豐富，馬可波羅遊記（馮承鈞譯汝晥註本）章廿九云：

（蔥嶺）產良馬名鷂，飛禽走獸，可供獵者極多。產佳麥及稷麥、芝麻、胡桃，山中多羊，四、五、六百爲一群，皆野生，山頂有大平原，草木豐茂。又有清潔泉水……溪中有魚甚多。（註六六）

蔥嶺動植物產豐富，故最適宜人生，其南有崑崙山，魏源海國圖志卷四十六釋崑崙上：

崑崙卽蔥嶺。……崑崙當卽阿耨達，謂天下三條四列之山，皆祖諸此。阿耨達池在山頂，非山麓，蓋衆山之太祖，必爲衆水之天潢。所謂河源（按指黃河之源）出阿耨達者，乃蔥嶺之脊上之大龍池，回語謂之哈喇淖爾。番語黑曰哈喇，池曰淖爾，以水色青黑得名，黑龍池之稱。（註六七）

崑崙可稱爲蔥嶺，崑崙亦可稱阿耨達，蔥嶺上有黑龍池亦稱天池。

崑崙山亦稱天山，日人津田左右吉：神仙思想有二三之考察：焦氏易林登崑崙入天門。

崑崙山爲天柱，氣上通天。（註六八）

魏源海國圖志釋崑崙上：

蒙古謂天山水嶺皆名曰崑都崙，急呼則曰崑崙。（註六九）

崑崙山亦稱天山則證據確鑿。至於崑崙山之義爲何，海國圖志卷四六：

蒙古謂橫爲崑都崙，言有三橫水入於河也，然則回部所謂崑崙山者，亦當爲橫嶺，而不當如元都；實牽青海之崑都崙河爲回部之崑崙山至矣哉。（註七〇）

崑崙山爲橫之義，對游牧民族，冬秋駐山南有防風雪，以免人畜凍餒之患。

西域之水有三種意義，衞挺生穆天子傳今考冊中內篇：

西域各民族，以白水、赤水、黑水名其各地之水者甚多。斯泰因（Sir Aurel Stein Innemost Asia vol. I:）回人以冰雪融化之水爲「白水」，以泉水爲「黑水」、「赤水」乃童山扶土之水。（註七一）

西域白、黑、赤（黃）水之義，由西而東，以此而爲水之命名。

伊犁河發源與流入何處，札奇斯欽蒙古文化史講義：

伊犁河從天山發源，流入巴爾喀什湖。（註七二）

伊犁河在中國正史上其名字不同，而音相似，馮承鈞編西域地名：

，今伊犁河，前漢書陳湯傳曰伊列水，新唐書曰伊麗水，西遊記曰亦列河，元史曰亦剌

河。（註七三）

元前伊犂河稱伊列，而元史稱亦剌河，與契丹族姓耶律於元史則作移剌音相同，該河今稱伊犂河。其河兩岸之居民，白鳥庫吉著西域史的新研究：

據漢書，康居之東，今之伊犁河（Ili）下流流域，有國名伊列。此名必起源於伊犂河，土耳其語稱「剃」爲Ili，故伊列當爲此語之對音。（註七四）

伊列國即伊列犍靼伊列土耳其語稱剃，是否即天之義，其對音稱亦列，亦即天之義。

第二目　崑崙山之斡亦拉特

一二〇四年大石猥剌與乃蠻及他部合兵拒成吉思汗，斡亦剌惕在失黑失惕地面，林中百姓，於一二〇七年忽都合別乞首先歸順拙赤管轄。（蒙古秘史二三九節一斡亦剌惕南鄰乃蠻，北接吉利吉思，東邊爲蔑兒元。八河之區。操蒙語，稍有差異，與蒙古互通婚姻如成吉思汗將女兒扯扯亦堅嫁給忽都會兒子亦訥勒赤。（史集一卷一冊）故爲兩來制，不是一部族。聖武親征錄甲子年（一二〇四年）云：我軍至斡兒塞河，太陽可汗同蔑里乞部脫脫、克列部長札阿紺孛阿鄰太石（即克烈部）、斡亦剌部長忽都花別吉……諸部相合，又戊辰年（一二〇八）冬云：再征脫脫及曲出律可汗、時斡亦剌部長忽都衣別吉不戰而降李文斡亦剌拉即明代之瓦剌，清之衛拉特：（註七五）

阿爾泰族（Altai Kizi）於俄革命後自稱曰衛拉特（Kalmuck）。（註七六）

衛拉特族之眞實意義，土耳其人著Tavaiihi Hamse：

衛拉特（Kalmuck）義爲「留下之民族」。（註七七）

赫氏所謂衛拉特爲留下之民族，諒爲契弊（苾）亦賀蘭族東遷後留下之民族。劉義棠著中國邊疆民族史：

伊吾（昆吾今哈密）以西、焉耆（今喀喇沙爾績按即阿拉善）之北，傍白山，則有契弊（Kalmuck？）薄落、職乙咥、蘇婆、那曷、烏灌（Ughug）、紇骨（Kirkiz）也咥（Irlysh）、於尼灌（Ariangkai）等勝兵可二萬。（註七八）

衛拉特族屬有兩派，一派主張不屬於蒙古族如丁謙、俄人布列茲訥往（E Bretschmeides）法人H.H. Howorth。二派主衛拉特爲蒙古與土耳其人混合種。如西域圖志，魏源之聖武記，張穆之游牧記。（註七九）法人Klapnoth主屬蒙古種。前後劉氏以契苾爲喀爾莫賀爲問號。馬來人稱衛拉特義爲我。

衛拉特族準噶爾部屬之，其義見日人松井著契丹人之信仰：

契丹有尚左之風俗，通常以東爲上位，即以尚左，尚北之關係。中人亦尚左，（清趙翼之陔餘叢考卷廿一：尚左尚右之考證：我國秦尚右，漢至宋尚左，元時尚右，明代以後又尚左。（註八〇）

準噶爾部住地準噶爾地（部），原義，莊吉發著清高宗兩定準噶爾始末：

準噶爾一名始由何時，說法不一。西方史家鄧比（ch Donby）稱西元第七世紀時，天山北路伊列河流域爲突厥族所佔領（績按突厥族內已統屬契丹族），該部分裂爲兩半部，東部準噶爾（Songar），西部稱爲波椤噶爾（Borongar）（註八一）惟準噶爾一詞即左翼。（績按準噶爾即Songar 義即天。衛拉特尚左，波椤噶爾尚右，則形成左右兩半部制。）西部（波椤噶爾）統治權結束後，準噶爾部勢力日盛，其疆域南界天山，西鄰俄國，北至阿爾泰山，東接戈壁，包括今日準噶爾盆地全境。（註八二）額魯特種，頭大、面黃、鼻低、頰黑、目小、耳大，西人名之曰加爾瑪克種（Kalmuck）或居青海蒙古或居西套蒙古，或居科布多，其居青海蒙古者爲青海和碩特部、青海綽羅斯部、青海土爾扈特部、青海輝特部，其居西套蒙古者爲阿拉善額魯特，蓋元之都和林也設四牧廠於西，最西者在今額魯特地，額魯特即元牧奴，迨蒙古浸微，額魯特漸強，遂叛而自立，國初雄長西北，準噶爾、和碩特、杜爾碩特、土爾扈特四部，總稱四衛拉特，迨準噶爾之亂，傷亡甚衆，種遂衰微，今所存者，皆鋒刃餘生也。（蒙古志卷二人種）額魯特族魯特族爲蒙古之牧奴，北蒙古牧族，額魯特尚左，而契丹亦尚左，故額魯特可能爲契丹之遺族。

第三目　焉耆山之契苾（弊）族

天山其南之地，以焉耆爲中心，其族爲契弊（苾），隋書卷八四鐵勒傳：

伊吾以西，焉耆之北，傍白山，則有契弊等勝兵二萬。……鐵勒厚稅，歛其物叛。……契弊歌

楞爲易勿真莫何（賀）可汗，居貪污山。（註八三）

伊吾即古昆吾今之哈密屬，焉耆亦焉支波斯之義爲火，因拜火而得名。傍白山即天山，契弊（苾）亦以後之喀爾（剌）莫賀族，居貪污山即唐奴山南麓。（註八四）天山以南是以焉耆爲中心，爲水草富足之優美草原，在它之東，爲薩彥嶺與唐奴山環抱而成之烏梁海盆地，視同汗山。（註八五）

新唐書卷二一七下回鶻傳契苾傳條：

> 契苾亦曰契苾羽在焉耆西北，鷹娑川多賢葛之南，其酋哥楞，自號易勿真莫賀可汗，弟莫賀咄特勒皆有勇。莫賀咄死，其子何力尚鈕，率其部來歸，時貞觀六年也。詔處甘涼間，以其地爲榆溪州。永徽四年，以其部爲賀蘭都督府，隸燕然都護，何力有戰力，忠節臣也。大和中，其種帳附於振武。（註八六）

契苾亦曰契苾羽在焉耆（即焉支）西北，鷹娑川多賢葛之南，即大裕勒都斯河，契苾酋何力尚紐於貞觀六年來歸唐，詔東移至甘州與涼州間，以其地爲榆溪州置契苾部。永徽四年以其部爲賀蘭都督府，因之契苾部亦可稱爲賀蘭部，賀蘭氏爲契丹大賀氏之先導族。

契苾亦賀蘭氏於貞觀六年詔東移至甘州（今張掖）與涼州（今武威）間有焉支山：史記一百十匈奴傳「焉支山」正義：

> 焉音煙，括地志之焉支山一名删丹山在甘州删丹縣東南五十里，西河故事云：匈奴失祁連焉支二山及識曰：亡我祁連山使我六畜不蕃息，失我焉支山，使我婦女無顏色，其　惜乃如此。（

註八七）

契弊（苾）爲支山曰山丹山：寄夫詩：「垂楊寄語山丹，你到江南艱難，你那裡娶個南婆，我這裡嫁個契丹」。契苾唐以其，部爲賀蘭都督府故契丹大賀氏來自賀蘭與契苾關密切

祁連山胡人稱之謂天山，史記匈奴列傳「祁連山」索隱：

西河舊事云：山在張掖酒泉二界上東西二百餘里，北百里，有松柏五木，美水草，冬温、夏涼，宜畜牧養。匈奴歌云：失我祁連，使我六畜不番息。祁連山一名白山也。（註八八）

舊唐書卷一〇九契苾何力傳：「契苾何力其先鐵勒別部之酋長也，父葛隋大業中繼爲莫賀咄特勒，以地偪吐谷渾，所居隘狹，不多瘴癘，遂入龜茲居于熱海之上，特勒死，何力時年九歲，降號大俟利發，至貞觀六年隨母率衆千餘家諸沙洲，奉表內附，太宗置其部落於甘涼二州。」

按唐書契苾何力傳，何力鐵勒哥論易勿施莫賀可汗之孫，父葛，隋末爲莫賀咄特勒，何力九歲而孤，號大俟利發，貞觀六年與母率衆千餘詣沙州，屬與李大亮薛萬徹萬均討吐谷渾，詔宿衛北門檢校屯營事尚臨洮縣主，十四年與討高昌平之始何力母姑臧夫人與弟沙門在涼州沙門，爲賀蘭都督。十六年詔何力往視母，於是薛延陀毗伽可汗方強，契苾諸酋爭附之，乃脅其母弟使從何力曰：我義許國不可行衆執至毗伽牙下、何力箕踞拔佩刀割左耳誓不屈，詔兵部侍郎崔敦禮持節許延陀尚主因求何力乃得還，授右驍衛大將軍以崑丘道總管平龜茲。永徽中西突厥阿史那賀魯叛，詔何力討之賊，大遺遷。左驍衛大將軍封郕國公鐵勒九姓叛，詔何力爲安撫大使馳諭九姓大喜共擒僞葉護及特勒等二百

人以歸，何力數其罪誅之，餘衆遂安，拜何力爲遼東道行軍大總管安撫大使副李勣同趨高麗攻拔之擄其王以獻，進鎮軍大將軍行左衛大將軍，徙封涼王卒贈輔國大將軍并州大都督。陪葬昭陵謚曰毅。通志氏族略五代北複姓契苾氏註：「九姓回鶻，匈奴苗裔，後魏謂之高車亦曰勅勒，周隋又曰鐵勒，居金山之陰獨洛河北，其一曰契苾部。」

第四目　賀蘭山之賀蘭部族

賀蘭山因賀蘭部人居之而得名，元和郡縣志卷四：

賀蘭山在（寧夏）保靜縣西九十三里，山有樹木青白望如駮馬，北人（即胡人）呼駮爲賀蘭。……從首至尾有像月形，南北約長五百餘里，真邊城之鉅防，山之東，河之西，有平田數千頃，可引水灌溉，如盡收地利，足以贍給軍儲地也。（註八九）

元和志僅言賀蘭山之形勢，未及賀蘭姓氏，太平寰宇記卷三十六：

賀蘭山在（寧夏）保靜縣九十三里山上，多有白草，遙望青白如駮（馬）爲賀蘭，鮮卑之類，多依山名爲氏族，今賀蘭姓者，因此山名。（註九〇）

寰宇記稱駮馬爲賀蘭，賀蘭屬鮮卑之類，今賀蘭姓者因賀蘭山而得名。其駮馬義爲何，見新唐書卷二一七下：

駮馬者或曰弊剌曰遏羅，支直突厥之北。……隨水草，然喜居，勝兵三萬，地常積雪，木不凋，以馬耕田，馬色皆駮，因以名國，北極於海，雖畜馬，而不乘，資酪以食，好與結骨戰，貌多似結骨，而語不相通，皆剗（髡）髮，樺皮帽，構木類井幹，覆樺爲室，各有小君長，不能相臣也。饒羊馬，人物傾大，故以自名。……古所未賓，當貞觀逮永徽奉貂馬入朝，或一再至。（註九一）

駮馬者或曰弊剌恐移剌，曰遏羅亦賀蘭，馬色皆駮即白，男人皆髡髮，各有小君長，古未有賓，即未朝貢，故歷史未有記載，當貞觀至永徽奉貂馬入朝，或一再至，故正史才有駮馬國，而契苾亦有記載。通典卷二百：

駮馬其地近北海，去京萬四千里，經突厥大部落五所及至焉。有兵三萬人，馬三十萬匹，其國以俟斤統領，與突厥不殊，有弓箭刀稍，無宿衛隊，不行賞賜，其土境東西一月行，南北五十日行，土地嚴寒每冬積雪樹木不没者，纔一二尺，至暖消逐湯坡，以馬及人扶犁種五谷，牧漁獵取魚鹿獺鼠貂等肉充食，以其皮爲衣，少鐵器，用陶瓦釜及樺皮根爲盤盌，隨水草居止，累木如井欄，樺皮蓋以爲屋，土床草蓐如氈，而寢處之。草盡即移居，無定所，馬色竝駮，故以名云，其馬不乘，但取其乳酪充食而已，與結骨數相侵伐，貌類結骨，而言不通。（註九二）

大唐永徽中遣使朝貢（突厥駮馬爲曷剌亦名曷剌國）

駮馬其地近北海即貝加爾湖，少鐵器，用陶瓦釜，樺皮根爲盤盌，土床草蓐如氈。通典卷二百拔悉彌條：

拔悉彌一名弊剌（通考曰剌）國，隋時聞焉，在北庭北海，南結骨，東南依山散居，去燉煌九千餘里，有渠帥，無王號，戸二千餘；其人雄健，能射獵，國多雪，恒以木爲馬，雪上逐鹿，其狀似楯而頭高，其下以馬皮順毛衣之，全毛著雪而滑，如著屨屐縛之足下，若下坡走過奔鹿若平地，履雪即以杖刺地而走如船焉，上坡即手持之而登，每獵到鹿，將家室就而食之盡，更移他處，其所居即以樺皮爲舍，丈夫剪髮，樺皮爲帽。（註九三）

拔悉彌即駮，悉（鮮）彌（卑）之異譯，其木馬即駮馬之現身說明，丈夫剪髮，樺皮帽，華北人所稱其一種無椽之帽曰樺皮帽。賀蘭姓氏如爲寰宇記云由于賀蘭山得名，而是由于賀蘭部住過之山，方稱賀蘭山，通鑑卷上一〇七：

晉烈宗孝武帝十五年（三九〇）丙寅，魏王珪曾燕趙麟於意辛山（意辛山在牛川北（績按牢牛之河）賀蘭部所居也，據北史踰陰山而此即賀蘭部）（註九四）

魏書卷二太祖紀二：

魏太祖登國六年八月避難北踰陰山，幸賀蘭部爲固。（註九五）

賀蘭部住之山，曰賀蘭山，後移住陰山之北牛川北之意辛山，賀蘭部非常之強大，即契丹族系之大賀氏系部族。陰山，張其昀著中國區域志乙編册二：

陰山山脈自察哈爾省西延至包頭五原等，大青山、烏拉，尤爲著名。（註九六）（張氏：中國民族志略同）

姚從吾著耶律楚材西遊錄足本校注：

崑崙山是我國有名的幹山，有廣狹二義。廣義指崑崙本支及所屬各山脈，總稱爲崑崙山系。狹義指陰山、天山等。（註九七）

張氏論之陰山是指地理位置之陰山，而姚氏之陰山是指崑崙內含有陰山，爲歷史意義上之陰山，兩者所論並不相悖。陰山之支脈曰松嶺，金毓黻撰東北通史卷四：

陰山一脈中，斜分東南一支，貫熱河省境，橫分老哈河潢河之源，是爲七志圖山。迄東至遼熱邊界之舊柳條松嶺門，所謂松嶺。所謂析嶺，即明代之萬松山，蓋以多松而名。

平地公林，五代時胡嶠陷虜記謂自契丹上京東去四十里，至真珠寨，明日東行，地勢漸高，西望平地松林，鬱然數十里，遂入平州，平地松林，應爲松漠得名之所。自而滿洲歷史地理謂今內蒙東部之地，向稱爲遼海及東戈壁者，即契丹之平地松林，松漠一辭，即指是地，其說大致得之。（註九八）

松嶺亦即內興安嶺之南端。（註九九）爲熱河進入遼河之界線。

已於松漠都督府置之於何處，東北通史卷四：

松漠都督府與其謂在西喇木倫上游，無寧在松嶺（今松嶺門外），爲熱河省阜新縣地，近於大陵河。（註一〇〇）

契丹與唐朝的關係章三節三：

松漠都督府的地位有三說：㈠遼北省瞻榆附近（北緯四十四度，東徑一百二十三度）（註一〇一）㈡在熱河圍場縣及克什克騰地方。㈢在今熱河赤峰縣西北，西林縣東南間。第一說、第二、第三說，均不能成立。

前四說均未能成立，惟田村實造引通典卷二百：「覊縻松漠都護（督）府屬今柳城郡（按即今朝陽附近）」。愛岩松男氏引之。松井著契丹勃興史主松漠督府於營州（今熱河朝陽）附近。（註一〇二）其地正當松嶺，視爲定論。松漠都督是賀蘭部大賀氏，唐賜國姓李氏，共九汗，見前所論。

第五目　醫巫閭山之挹婁族與達呼爾族

松嶺更東越大陵河，起頂爲醫巫閭山（據徐曦東三省記略），程發軔著春秋左氏傳地名圖考篇一：

漢晉時之挹婁，挹婁故居，依滿洲源流考及輿地圖說所載，在今遼寧省鐵嶺縣南六十里懿路河（在鐵嶺瀋陽縣界）及懿路站。懿路即挹婁也。疑此爲秦漢後之挹婁，當非原始居地。（或以爲遼之挹婁縣。或云渤海王遷挹婁居此。）周禮職方氏：「東北曰幽州，其山嶺曰醫無閭。」（一作醫巫閭）山在今遼寧省，北鎮縣西二十里。余以爲醫巫閭乃夷語。即挹婁二字之合音。（中略）而自醫巫閭山至熱河之松嶺，山脈蜿蜒相接，自古爲林木茂密，禽獸繁殖之區，（見松亭行紀）。

後漢書東夷傳：「武帝滅朝鮮，以沃沮地爲玄兔郡。……又有北沃沮，一名置溝婁，去南沃沮八百餘里」。滿洲源流考略謂：「自鳳凰並海，今長白山附近，乃其故壤。沃沮：即今窩集也」。案沃沮卽窩集，滿洲語森林廣密之義。所謂「樹海」是也。其音又與醫巫閭同。沃沮二字當與醫巫閭、挹婁，同爲一地之譯名。考沃字廣韻屬沃韻烏酷切，上古爲影母，宵部字，其音讀爲O.K.。沮字廣韻屬魚部，子魚切，上古爲精母，魚部字，其音讀爲zagag。閭與沮上古既同屬魚部，而醫巫二字急讀時，其音與沃之音相近。是故醫巫閭三字，本爲三個音節，如重音在醫，則醫字獨成一音節，「巫閭」急讀合成一音節，於是其音似挹婁之音，乃以「挹婁」二字譯之。又或重音在「巫」則「醫巫」二字急讀而成一音節，「閭」獨自一音節，其音復似「沃沮」之音，於是遂又以「沃沮」二字譯之矣。此其所以有同一地方，同一部族，因重音部份不同，而有殊異之譯名也。沃沮、挹婁，既同源於醫巫閭、沃沮之義爲密林，則醫巫閭之義，亦應爲密林。密林之地，宜於獵捕。（註一〇三）

程氏論證醫巫閭卽挹婁，原爲沃沮之轉音；沃沮爲密林，住於密林之民族宜於獵捕，以爲生機，故稱打牲部族。醫巫閭源由挹婁族而得名：張伯英修黑龍江志稿卷一地理沿革：

挹婁漢屬鮮卑（清一統志，西清外記）按挹婁爲肅愼南部偏西之大部落。肅愼父子世爲加長。挹婁無君長，而邑落各有大人，其國體異於肅愼，檀弓長同，弓度異，穴居食豕同。史家通例四裔來朝則書，不朝則不書，後漢書有挹婁傳，而無肅愼傳，是來與不來之異。肅愼至後魏時猶爲東北徼外大國也。（註一〇四）

李學智著：肅愼與挹婁之商榷：

爲古亞洲族，而非通古斯族（見劉節著好大王碑考釋，凌純聲氏松花江下游赫哲族），魏晉時之挹婁，並非古代之肅慎。（註一〇五）

挹婁屬鮮卑種，爲肅慎南部偏西之大部落，肅慎父子世爲君長。挹婁無君長，而其邑落各有大人，兩者國體相異。史家通例四裔來朝則書，不朝則不書，時挹婁強大，隔絶肅愼，使其不能來朝，故只知挹婁，而不知肅愼，肅愼至後魏時猶爲東北徼外大國也。李氏所論甚有見地。

醫巫閭與移剌氏是否有關連，清一統志卷六四：

醫巫閭（挹婁、移剌）山，在廣寧縣西十里，高十餘里，周二百四十里。遼人皇王托雲（突欲），愛其奇秀，購書數萬卷，置山之絶頂，築至曰望海，及卒，遂葬於此。（註一〇六）

清劉源溥等撰：錦州府志卷四：

遼東丹王葬顯陵，世宗及后蕭氏，乾陵景宗，遼豫王葬閭陽縣（績按即醫巫閭山）（註一〇七）

契丹東丹人皇王生時讀書與藏書於醫巫閭山及卒又葬于此，後世宗、景宗、豫王均葬於此，此山與契丹之關係如此之密切，值人疑醫巫閭，挹婁人住過，因命此名，而挹婁是否爲移剌之異譯？

賀爾族系與大賀氏、達呼爾關係密切。

一、賀蘭氏爲托跋氏八部之東部，爲魏八姓族之重要部族。賀蘭部族住在賀蘭山，賀蘭山在寧夏保靜縣（原稱賀蘭縣）西九十三里，山有樹木，青白如駮馬，北人呼駮馬爲賀蘭。駮馬即馬騾，亦即契丹之移剌馬，以後蒙古馬，蒙古馬曰馬兒好，又要馬兒小吃草。賀蘭氏祖紇，有勳於代公，尚平文女，子野干，尚昭成（什翼犍）女遼西公主，孫賀訥，訥總攝魏八部東部大人，遷屬大寧（遼中京，今熱河手泉縣）訥爲魏之元男，擁托跋珪登代王即位于牛川，賀蘭部大人爲擁護魏政權最大功臣。

二、大賀氏：大賀氏來自賀蘭氏，「北方賀蘭氏，後改爲賀氏」（魏書卷一一三，官氏志），因其部族之大者曰大賀氏（五代史記卷七十三，四裔附錄，契丹條）。大賀氏爲契丹三大部族的第一部族，有大賀氏八部，有大賀氏九大人，如大賀氏第一咄羅可汗，咄羅即綽羅氏。

三、達呼爾氏：唐達呼哩（爾）氏八部首君當是綽羅矣。（續通志卷八十一，氏族第一）固之在明前稱大賀氏，而在明後，則稱達呼爾。少數達呼爾人主張是蒙古之一支。傅爾煥氏之達呼爾人爲單一民族。「達呼爾之名最早見於元末明初，據有關文獻記載、傳說、語言、地理分佈、生活習慣等研究，達呼爾族可能是契丹族的後裔。（中國少數民族頁九十二）「達呼爾爲大賀氏之音轉源於契丹說」（哈勘楚編著：達呼字方言與滿蒙之異同比較，頁四—十）。

黑龍江志稿卷十一：

達呼爾一作達呼里又訛打虎兒，契丹貴族，遼亡徙黑龍江北境，與索倫部雜居于精奇里江，水黃合于黑水，流數百里不混，兩部打牲所至呼蘭青黑二山，別部不能爭也。其著姓有精奇里氏，克音氏，郭貝爾氏（即郭博勒氏），札拉爾氏、敖拉氏、墨爾迪氏、俄嫩氏、倭勒氏（以上爲呼倫貝爾氏）後爲漢姓有吳、金、何、張、陶、白、邵、畜八姓。（註一〇八）

達呼爾爲大賀氏之異譯，契丹貴族，遼亡徙黑龍江北境，與索倫部雜居于精奇里江，以打獵（牲）於呼蘭即另一賀蘭與青黑二山。其著姓精奇里氏等八氏，可能爲契丹八部之遺氏。

大賀氏遺族其生活狀況，布特哈志略敘：

布特哈自清始，爲滿語，漢譯打牲，因土人打牲爲生活，故名，其地中跨嫩江流域，西北倚內興安嶺與內蒙古諸部接連，東南臨呼蘭（績按即賀蘭河）河與滿爲鄰，索倫按滿語認明確爲滿洲之北邊一部。達呼爾按蒙語係內蒙之東北邊部所居達呼爾或達虎里者。契丹盛時，中國人以其關外東胡人尊稱曰大胡人，於是本族亦以大胡人自稱，契丹君號因曰大賀氏，至清註籍以音致字誤也。蓋古來國外北方民族爲滿蒙兩大族，內中各分若干小部落，隨所在水土氣候而成，各族之土音習俗，於是音俗雖變，言尚未遷，則通曉其語言者，可以分別認明某部落爲某大族之枝派。「且以山脈河流之名稱可知原屬某族所在處所矣。」余訪土老之遺傳語音徵求山脈河流之名稱，復經考諸歷代史書，如魏之勿吉係窩集之轉音即滿語森林。黑龍江輿地圖：嫩江以東，黑龍江以西地方山森，尚以某某窩集註稱。（註一〇九）

達呼爾滿語通稱爲布特哈人，漢譯爲打牲，其牧地約在西北倚內興安嶺與南東臨呼蘭河一帶，亦即呼倫貝爾湖一帶。滿人確爲北邊之達呼爾族。滿蒙兩大族，隨所在水土氣候而成，各族之土音習俗，土俗雖變，音言未遷，如通曉其語音者，可以分別認明某部落爲某大族之枝派。且以山脈河流之名稱，可知原屬某族其名義，及所牧處所矣。

達呼爾族俗據布特哈志略：

布特哈族三面火坑，重西面屋，以重西方，屋基高樓房，周以楊柳柞樺等樹架作障墻，養牛馬者，豬羊者少，禮節從滿制，穿著麅皮衣，脖皮底靰鞡曰查卡米，柔煖宜於冰地爲該處之特產。（註一一〇）

東北邊防輯要：

烏蘇里江以西，土人呼曰短毛子，其人皆剃髮。（註一一一）

白鳥庫吉著云：

烏丸與鮮卑爲剃髮族。（註一一二）

宋史卷二六四宋琪傳與續資治通鑑長編卷二七雍熙三年春正月條：

並髡髮左衽，竊爲契丹之飾。

中國征服王朝的研究：「慶陵之人物圖，契丹服飾無帽人頭中央爲剃髮。」（註一一三）

多桑蒙古史冊上：

剃髮作馬蹄形，腦後髮亦剃。其餘髮聽之生長，辮之垂於耳後。（註一一四）

契丹族大賀氏其土俗睡火坑，養牛羊穿靰鞡，剃髮爲該族在東北之土俗特徵。

達呼爾（大賀氏）跨嫩江流，黑龍江外紀三：

嫩江源于興安嶺之伊勒庫里山與混同會，古名難水北史曰那水、唐書、明史曰腦温江又曰呼剌温江。（註一一五）

嫩江達呼爾人曾住，因稱呼剌温江即因賀蘭族而得名。呼倫貝爾恐亦賀蘭族住過因稱呼倫貝爾，東北輿地釋略卷二：

自大青山東出至呼倫諾爾東北入巴林旗界至興安嶺。（註一一六）曹廷杰撰東北邊防輯要卷下：興安嶺亦曰新安嶺有內外二嶺，內興安嶺盤旋黑龍江省境內數千里，襟帶三江左右（松花江、黑龍江、嫩江）。外興安嶺則北徼分界之山，實吉林、黑龍二省外障所繫，于邊防甚鉅。一統志，大興安嶺在敖嫩河北，小肯山東，東抵黑龍江口，與天山相等，天山隨異名。興安嶺別名少，惟職方外紀有東金山，自鄂嫩河肯特山分枝，東北行連峰至俄境。（註一一七）

第六目　興安嶺之鮮卑族

興安嶺可否又稱鮮卑山，程發軔著西伯利亞命名考：

鮮卑山在何處？可考者有四：㈠遼史拾遺卷十三，引隋圖經：「鮮卑山，在柳城縣東南二百里。」按隋之柳城，即慕容皝之龍城，亦即漢之柳城。大清一統志：今熱河朝陽縣，即之柳城。其東南二百里之鮮卑山，疑即今之松嶺也。㈡大清一統志：「鮮卑山在科爾沁右翼之西三十里（今遼北省突泉縣之西）土名蒙格。清史稿：「科爾沁右翼中旗，西界鮮卑山。」㈢乾隆內府輿圖第七排東一：會必拉（河）與喀爾喀必拉之東有「錫伯阿林」，錫伯山即鮮卑山，凡綿且滿蒙間之內興安嶺及松嶺等諸山，皆鮮卑人所居之地，皆可稱爲鮮卑山。㈣丁謙氏後漢書鮮卑傳考證：「大鮮卑，在俄屬伊爾科斯克省北，通古斯河南，今外蒙古以北之地，西人皆稱爲『悉必利亞』。『悉必』即『鮮卑』之轉音，以其地皆鮮卑人種所布故也。」（註一一八）西鮮卑山（金山），北鮮卑山（大鮮卑山）南鮮卑山（朝陽）東鮮卑山（興安嶺），中鮮卑山（科爾沁右翼）。

鮮卑即鮮之長音，實際即山之義，其民爲山戎，土耳其文曰山即泰，漢稱鮮（山）（註一一九）單于恐亦即山戎。「山戎者亦葷粥、玁狁、匈奴一音轉。」（註一二〇）伊朗信奉祆教，即示天之教，亦即山民示天之義。（註一二一）如以大膽言之鮮卑即山戎之異譯，山戎即葷粥，而鮮卑，蒙格二辭關聯，據嘉慶重修大清一統志卷五三七：

科爾沁右翼西三十里鮮卑山，土人呼曰蒙格。（註一二二）

張穆撰蒙古游牧記一科爾沁：

科爾沁右翼中旗塔勒布拉註「七十里接左翼中旗界，旗西三十里有鮮卑山，土人名蒙格。（註一二三）

鮮卑由鮮卑山得名，鮮卑實際即山之義，爲共稱，自稱蒙格，鮮卑之義，北魏書卷九五列傳八三：

鐵弗劉虎南單于之苗裔，右賢王去卑之孫，北部帥劉猛之從子，居于新興慮虒劉，北人謂胡父鮮卑，母爲鐵弗（伐），因以爲號。（註一二四）

鮮卑其義爲北人謂胡父爲鮮卑，因塞北民族爲父系社會，故重鮮卑之共義，其本義鮮卑土人自稱蒙格，蒙格爲莫賀之異譯：宋書卷九六：

（葉延）年四十三，有子四人，長子碎奚立，碎奚性純謹，三弟專權，碎奚不能制，諸大將共誅之，碎奚憂哀不復攝事，遂立子視連爲世子，號曰莫賀郎，莫賀宋言父也。（註一二五）

吐谷渾語亦鮮卑語，鮮卑語父曰莫賀，而北人謂胡父爲鮮卑，鮮卑本人自稱蒙格，蒙格恐名莫賀，莫賀鮮卑人亦稱父之義。莫賀亦慕容之異譯，因鮮卑主要族爲慕容氏，慕容亦蒙格，蒙格亦蒙古，馮家昇氏證之莫賀即佰羊（Bayan）其義爲富，而蒙古最大姓氏爲伯顏亦爲富義，伯顏亦伯羊之異譯。其蒙古族出於靺鞨，宋黃震古今紀要：

韃靼與女真同種，皆靺鞨之後。（註一二六）

靺鞨恐即莫賀之異譯，而韃靼何義？伯希和（P. Pelliot）撰西域南海史地考證譯叢：

韃靼（Tatar）爲蒙語之複音，Tata即是Tatar古寫單音。（註一二七）即漢語北方通稱爹爹（即父之義），西語dada，突厥ada即漢譯阿爹。（註一二八）韃靼其始不過興安嶺一帶遊牧之一小部落，其後蔓延于陰山山脈一帶。（註一二九）

韃靼其義爲爹爹即父，諒爲北方遊牧民族以父系爲社會中心之通稱，全遼備考卷上邊塞條：

邊塞多榆故曰榆塞，今遼東皆插柳條爲邊，高者三四尺，低者一二尺，若中土之竹籬，而掘壕於其外，呼曰柳條邊，又曰條子邊。（註一三〇）

柳條邊西爲漢人，南爲滿洲人，北爲蒙古等人種，滿人呼柳條邊北邊之人爲韃子。

鮮卑族亦蒙古族主系爲慕容氏（㚟）亦稱奕洛氏：

慕容廆字奕洛廆昌黎棘（𣗥）城鮮卑人。……曾祖莫護（賀）跋。（註一三一）

慕容氏亦稱奕洛，奕洛亦移剌之異譯，亦莫賀之異寫，丁謙撰之秘史考證凡例：

王罕子桑昆，本名亦剌合，桑昆乃官號。（註一三二）

丁謙撰經世大典圖考證卷一：

阿勒麻里，亦稱亦剌八里，爲一音之轉。明史作亦力把里。又作亦剌八里。西遊記作阿里馬。（註一三三）

阿勒（剌）麻里亦稱伊剌八里，伊剌單音俺，俺即魯東人稱我，阿剌江浙人稱我？阿剌伯人稱阿拉，爲眞主（即天主）。

莫賀（廆羯）可稱蒙古人，而契苾人稱喀爾莫賀（Kalmok）與蒙古雖爲一族，但有嫡與庶系之別，契弊（苾）亦賀蘭人，亦即大賀氏，前文已加論證。據日人橋本欣五郎著李瑞章譯。呼倫貝爾南部神秘境之探索：

呼倫貝爾據實地考察爲古代蒙古民族發祥之地。（註一三四）

黑龍江外記二二：

呼倫貝爾布特哈人死掛在樹上，恣鳥鳶食，以肉盡爲升天，世有鳥葬、樹葬之說。（註一三五）

據此以證明其風俗習慣。

興安嶺南爲長白山，景方昶撰東北輿地釋略卷二：

長白山脈系來自綏遠城北之大青山即陰山。長白山至興安嶺。長白山圖們江出其東麓而東流，鴨緑江出其東麓西流，松花江出其北麓北流。長白山土名哥爾民商阿林（績按阿林爲河，必拉爲山恐誤）又稱徒拉山，山海經稱不咸山，魏書及北史曰徒太山，唐書作太白山或又作白山。……長白山有長白山族，其地曷懶，即今海蘭水、白山入於蘇賓即綏芬、耶懶之地。（註一三六）

長白山有長白山族，其地曷懶，今稱梅蘭水。

鴨緑江爲何義有何民族，據曹廷杰撰東北邊防輯要卷上：

新唐書馬訾水出靺鞨於長白山，色若鴨頭號鴨緑水。龍朔元年契　何力濟鴨緑水大破高麗。（註一三七）

東北輿地釋略卷二：

鴨緑江即蓋州或呼　江，唐書作馬訾水，源出長白山。（註一三八）

鴨緑江出源於長白山，稱長白山族，其地爲曷懶，今稱海蘭，靺鞨亦爲賀蘭，鴨緑江因鴨頭緑而稱鴨緑江之說法恐不確，鴨緑江另稱蓋州或呼靉江，即賀蘭江，賀蘭亦可稱移剌，因之鴨緑江稱移剌江。

松花江其義與名實，松花江即松阿里。（註一三九）吉林通志卷六：

松花江即混同江，源出長白山，以松阿里烏拉得名，即國語天河也。（註一四〇）

曹廷杰東北邊防輯要卷上：

松花江滿洲語呼松阿里必拉，亦呼宋瓦江。(註一四一)

林佶撰全遼備考上：

松花江(亦稱混同江)一稱粟末江又名速末江，又名宋瓦江，松花哩烏喇，松花哩者漢語「天」烏喇漢語河，大若天河。

混同江之名改于遼聖宗九年，撰者擬渡江，不得策渡亦拉江(亦拉漢言三)，於尼失哈站下流兩沙洲分江爲三，故此水僅沒馬腹，金太祖神涉之，何神異乎。來流河即亦拉河。(註一四二)

張穆著蒙古遊牧記一：

松花江即混同江在游牧東百七十里，土人呼吉林江。(註一四三)

李文信著吉林市附近之史蹟及遺物歷中與考古號一：

吉林滿名「吉林烏拉」實爲沿江聚落之義，通古斯人稱「天河爲松加里畢喇、古稱粟末水，今稱松花江，發源于長白山北，順流北達黑龍江，通古斯族興亡以此爲中心。(註一四四)

松花江亦稱松阿里即天江之義，亦稱吉林江，吉林亦可稱伊剌，「頡利可汗亦稱伊利可汗」(註一四五)吉林烏拉，實爲沿江聚落之義，吉林省因吉林江而得名，吉林亦稱伊剌，因伊剌族聚落而得名。

清史卷五八地理志四：

蓋崑崙山脈，南幹爲涼州南山、爲賀蘭山、爲陰山、爲內興安嶺。北幹爲葱嶺，爲天山，爲阿爾泰山，爲懇特山，爲外興安嶺。(註一四六)

崑崙其義爲恒，塞北契丹族沿該山，自蔥嶺東向而發展。夏秋兩季至山北大草原放牧，冬春兩季至山南避風雪，其意義非常重大。

【附註】

註一：資治通鑑卷九一，頁二八九一。
註二：資治通鑑卷九三，頁二九三九。
註三：資治通鑑卷九四，頁二九七三。
註四：資治通鑑卷一〇三，頁三二四六。
註五：魏書卷八十三，賀訥傳。
註六：李吉甫撰：元和郡縣志卷四，關內道四，保靜縣，葉回下。
註七：樂史撰：太平寰記卷三六，葉十三下。
註八：顧炎武撰：日知錄卷二九，頁八三五。
註九：札奇斯欽撰：北亞游牧民族與中原農業民族間的和平戰爭與貿易之關係，頁二十一註之四。
註一〇：彭大雅撰：黑韃事略，蒙古史料四種，頁四九九—五〇〇。
註一一：五代史記，四夷附錄，契丹條，葉四下。

註一二：葉隆禮撰：契丹國志卷二十三，族姓原始，頁一九一。

註一三：遼史卷一，太祖紀，葉一上。

註一四：王國維撰：觀堂集林下冊，卷十六，頁七九二。

註一五：說郛卷四十一，葉五。

註一六：元史卷一三三，孛蘭奚，葉十三上下。

註一七：洪鈞撰：元史譯文証補卷一上，頁十六。

註一八：屠寄撰：蒙古兒史記卷一五三，氏族，葉五上。

註一九：世祖實錄卷廿五，天順五年，明代滿蒙史料，（韓）李朝實錄抄六冊，頁二一四。

註二〇：李濬之撰：清畫家詩史，壬下，頁二十二上。

註二一：克拉普羅著（Klaproth）：亞洲諸國方言彙書（Asia Poly Glotta p. 280.）

註二二：參看俄國拉特祿夫（Radloff）：Die All Jurkische inschriften des Mongolei p. 110

註二三：施考特（Schott）：契丹與哈喇契丹考（Kitai and Karakitai p. 10）

註二四：白鳥庫吉著，方壯猷編譯：契丹民族考，女師大學術季刊期二頁二二八。

註二五：愛宕松男著：契丹古代史之研究頁一六三。

註二六：隋書卷八四鐵勒傳葉十上下—十九上。

註二七：新唐書二一七下回鶻傳契苾條葉八下。

註二八：史記卷一百十匈奴傳葉廿四上；白鳥庫吉著：西域史的新研究。焉支條，塞外史地論文譯叢頁一〇三。
註二九：那阿通世著：成吉思汗實錄卷二四頁四九一。
註三〇：松田壽男著：亞細亞歷史地圖頁十六。
註三一：巴克爾著黃淵靜譯：韃靼千年史頁二二五。
註三二：張穆撰：蒙古游牧記十二青海葉三下—四上。
註三三：通鑑卷一〇七頁三三八四。
註三四：阮元撰：經籍纂詁冊下卷九八頁九六六。
註三五：同四一二註。
註三六：魏書卷一百契丹傳葉十五上下。
註三七：魏書紀七高祖葉十九上。
註三八：彭大雅撰：黑韃事略頁五一。
註三九：仝前書頁五一九。
註四十：蒙古博明希哲著：西齋偶得卷下頁一。
註四一：韓儒林著：女眞譯名頁九，中國文化研究集刊卷三。
註四二：欽定元史國語解卷一葉三下。

註四三：方壯猷編譯契丹民族考，女師大學術季刊頁二三二。
註四四：陳述著：遼文滙卷九，軒渠集，葉五下。
註四五：金毓黻著：慕容氏與高句驪，禹貢半月刊卷七合期一二三頁一八六。
註四六：曹廷杰撰：東北邊防輯要卷上葉三上。
註四七：五代史記四九附錄第一契丹傳葉一下。
註四八：葉隆禮撰：契丹國志初興本末頁一。
註四九：遼史卷六四皇子表葉三上。
註五〇：殷玉裁著：說文解字註篇十下葉二五下。
註五一：仝前篇十上葉四一上；Karl Menger: Tungusin und Lyao p.23, Deutch Morgenland ische gesellschet.
註五二：李慎儒撰：遼史地理志考，開明廿五史補編冊六。
註五三：趙鐵寒著：遼史地理志州軍方位考實，油印本。
註五四：譚其驤著：遼史地理志補，禹貢半月刊一期二頁三十。
註五五：馮家昇著：遼金史地理志互校，禹貢半月刊卷一期四頁九四。
註五六：何秋濤撰：遼金元北徼諸國傳，朔方備乘卷三三葉一上。
註五七：丁謙撰：遼史各外國地理考證，蓬萊軒地理學叢頁一〇八三。
註五八：白鳥庫吉監修：滿洲歷史地理卷二頁一——一〇八。

註五九：李學曾編：亞洲種族地理頁四、五、六、；八小牧實繁著：民族地理頁三。
註六〇：張大軍著：新疆民族變遷及現狀頁四、六。
註六一：衛挺生著：穆天子傳今考頁一七〇；頁一九五。
註六二：仝前書頁二二二。
註六三：錢穆編：史記地名考卷三十頁八九六。
註六四：新疆山脈圖志山脈一葉三上。
註六五：新疆輿圖風土志卷一葉七上。
註六六：穆天子今考頁二二三。
註六七：魏源輯：海國圖志釋昆侖上卷四六葉十一上、十二下等。
註六八：津田左右吉著：神仙思想有關二三之考察，滿鮮地理歷史研究報舌輯十頁二八四。
註六九：海國圖志釋昆侖上卷四六葉二二上。
註七〇：仝前書葉廿一上；丁謙撰：漢書西域傳崑崙地理考證葉六上，蓬萊軒地理學叢書。
註七一：衛挺生著：穆天子傳今考冊中內篇頁二二五。
註七二：札柯斯欽著：蒙古文化史講義頁二上。
註七三：馮承鈞編：西域地名頁三三。
註七四：白鳥庫吉著：西域史之新研究，塞外史地論文譯叢頁一一九。

註七五：芮逸夫著：中國民族及其文化論稿頁四二。

註七六：岑仲勉著：衛拉特即衛律說，中外史地考證頁五八—六二、六六

註七七：unknow: Tavaiihi Hamse p.26.

註七八：劉義棠撰：中國邊疆民國史頁二三〇，白山即天山。

註七九：Henry Heworth: History of the Mongals p.p. 24, 600.

註八〇：日人松井著：契丹之信仰，滿鮮地理歷史研究報告第八頁一八七

註八一：Ch: Denley jr.: The Chinese Conquest of Songaria p. 166.

註八二：莊吉發著：清高宗兩定準噶爾始末，故宮文獻卷四期二頁三七—八；祁韻士著：皇朝藩部要略卷九葉一上。

註八三：隋書卷八四鐵勒傳葉十上—十九上。

註八四：劉義棠著：中國邊疆民族史頁二三〇、二三五；焉支義爲火；岑仲勉中外地理考證頁二十。

註八五：札奇斯欽著：蒙古文化史講義頁二上。

註八六：新唐書二一七下回鶻傳契苾條葉八下。

註八七：史記卷一百十匈奴傳葉廿四上。

註八八：仝前書葉廿四下。

註八九：元和郡縣志卷四關內道四保靜縣葉四下—五上。

註九十：樂史撰：太平寰宇記卷卅六葉十三下—五上。
註九一：新唐書卷二一七下葉十下。
註九二：通典卷二百邊防十六頁一〇八五，文獻通考同引。
註九三：仝前書頁一〇八四。
註九四：通鑑卷一〇七晉記四庫備要本葉十七上。
註九五：魏書卷二太祖紀二葉三上下。
註九六：張其昀著：中國區域志乙編册二頁三六六。
註九七：姚從吾著：耶律楚材西遊記足本校註，大陸　誌特刊輯二頁二三四，抽印本頁二六。
註九八：金毓黻撰：東北通史卷四葉四三。
註九九：同前書。
註一〇〇：同前書。
註一〇一：許極燉著：契丹與唐朝的關係頁六九。
註一〇二：愛宕松男著：契丹古代史的研究頁二一九。
註一〇三：程發軔著：春秋左氏傳地名圖考頁八二—三。
註一〇四：張伯英撰：黑龍江志稿卷一地理沿革葉三上—下。
註一〇五：李學智著：肅愼與挹婁之商榷，大陸雜誌史學叢書輯一册五頁一六四。

註一〇六：大清一統志冊廿一卷六四葉一上—下頁七〇二。

註一〇七：清劉源溥等撰：錦州府志卷四葉九下。

註一〇八：張伯英修：黑龍江志稿卷十一經政氏族葉二三上。

註一〇九：佚名撰：希特哈志略敘葉三上—四下。

註一一〇：布特哈志略村落姓氏葉八上—下。

註一一一：曹廷杰著：東北邊防輯要卷上葉九上。

註一一二：白鳥庫吉著馮家昇譯：東胡民族考，地學誌一七二期廿一頁

註一一三：日人田村實造著：中國征服王朝的研究頁四二三—四。

註一一四：多桑蒙古史冊上頁三一。

註一一五：清·西清撰：黑龍江外紀一葉三七九上、廣雅書局史學小方壺輿地叢鈔秩一、頁七六七。

註一一六：佚名撰：東北輿地釋略卷二葉九下—十上。

註一一七：曹廷杰撰：東北邊防輯要卷下葉十五上—下。

註一一八：程發軔著：西伯利亞命名考，學術季刊卷五期四頁五九—六。

註一一九：芮逸夫著：中國民族及其文化論稿頁二七，土耳其人Btal Aykut sard:Tay Shan（山）之義，何錡章著：楚詞有關民族名稱源流考，師大講義頁七九。

註一二〇：史記卷一百十匈奴傳葉一上。

註一二一：朱駿聲：說文通訓定聲頁七四七、說文解字不收此字。

註一二二：嘉慶重修大清一統志卷五三七葉四上。

註一二三：張穆撰：蒙古游牧記一科爾沁葉四上。

註一二四：北魏書卷九五列傳八三葉十八下；朔方道志卷卅志餘上歷史頁三下；北史卷九三列傳八一葉一下；通鑑卷一〇四頁三三三七；九朱希祖著：西魏賜姓源流考，張菊先生七十生日紀念論文集頁五三〇。

註一二五：宋書卷九六葉三上下；李學智撰：對於勿吉靺鞨種族與名稱之管見，大陸雜誌史學叢書輯一冊五頁一六六。

註一二六：馮家昇著：鮮卑語言考釋慕容條：燕京學報期八頁一四三六；張興唐著：蒙古源流考，輔大人文學報頁九（總頁二九七）

註一二七：白希和（p. pellist）撰西域南海史地考證譯叢，亞洲報一九二〇年刊上冊頁一二五—一八五。

註一二八：岑仲勉著：穆天子傳西征地理概論，中外史地考證頁二二。

註一二九：馮家昇撰：東北史中諸名稱之解釋，禹貢半月刊卷二期七頁二四二。

註一三〇：林桔撰：全遼備考卷上葉一上。

註一三一：晉書卷百八葉一上。

註一三二：丁謙撰之元秘史考證凡例葉廿二下，蓬萊軒地理學叢書頁一九六四。

註一三三：丁謙撰：經世大典考證卷一葉十三，仝前書頁二一五四。

註一三四：日人橋本欣五郎著李瑞章譯：呼倫貝爾南部神秘境之探索，地學雜誌民國二三年期一頁八七。

註一三五：黑龍江外記二，小方壹輿地叢鈔冊二秩一葉四〇上。

註一三六：景方昶：東北輿地釋略卷二葉一下。

註一三七：清、曹廷杰撰：東北邊防輯要卷上葉一下。

註一三八：景方昶：東北輿地釋略卷二葉六下。

註一三九：凌純聲著：松花江下游的赫哲族頁二〇〇。

註一四十：吉林通志卷六葉十二上頁四四九。

註一四一：曹廷杰撰：東北邊防輯要卷上葉二三下。

註一四二：林佶撰：全遼備考上葉二五上。

註一四三：張穆撰：蒙古游牧記一郭爾羅斯葉廿一上。

註一四四：李文信著：吉林市附近之史蹟及遺物歷史與考古號一頁二二。

註一四五：通報一九二一年刊頁三二九。

註一四六：清史卷五八地理志四頁八五七。

結論

第一節　鮮卑族系考

燕北山戎有東胡，各分散居谿谷，自有君長，往來而聚者，百有餘戎，莫能相一。漢書音義云山戎曰烏丸或云鮮卑。索隱曰服虔云：東胡烏丸之先，後爲鮮卑在匈奴之東故曰東胡。案續漢書曰：漢初匈奴冒頓滅其國，餘類保烏桓山以爲號，俗隨水草居無常處，桓以之名，烏號爲姓，父子悉（剃）頭爲輕便也。（註一）東胡於漢成帝分裂爲烏桓與鮮卑兩大支族。（註二）形成兩半部制。

第一目　烏桓族系考

其一：烏桓之義：因漢初匈奴冒頓滅其國，餘類保烏桓山，因以爲號焉。（註三）稱爲烏桓族。烏桓「因烏拉草而得名亦稱紅根草」（註四）因赤山（烏蘭）而得名。烏桓山亦稱赤山，故二者均尚紅亦赤義，所謂赤土，代表紅土層即第四世紀之土地。現在紅土已被黃土所湮没。（註五）烏桓俗善射，隨水草而放牧，居無常處，以穹廬爲宅，皆東向日，弋獵禽獸，食肉飲酪，以毛毳爲衣。常推勇健者爲大人，氏姓無常，以大人健者名字爲姓，大人以下，各自畜牧治產，不相徭役，其嫁娶皆先私通，然後遣媒人送馬牛羊，以爲聘娶之禮。父子男女相對蹲踞，悉髡頭以爲輕便，婦人至嫁時乃養髮，分爲髻，父兄死妻其後母，執其寡嫂。有病以艾炙或燒石自忍燒地臥上，或隨病痛處，以刀決出血。祝天地山川之神，死斂屍有棺，始死則哭，葬則歌舞相送，肥養犬以采繩嬰牽，使犬護之神靈歸乎赤山，赤山在遼東西北數千里，然後殺犬祭之。敬鬼神、祠天地日月星辰山川。（註六）

其二：烏桓牧地：塞外由東自遼東、西、右北平，漁陽，山谷等五郡。烏桓後遷入塞內之豫、洛、雍、袞即今之河北南北部，河南北部，陝西東南部，山東西部和北部。而烏桓故地原在今貝加爾湖西南一帶。

其三：烏桓與鮮卑之關係：烏桓留在塞外者，便被鮮卑部落大人統治，漸被鮮卑化。（註七）

其四：烏桓遺族：奚或曰烏桓，即烏桓蹋頭之後。晉永嘉之後稱庫莫奚，北齊天寶三年單稱爲奚。（註八）沿鮮與契同音，不受契丹人之歧視而名。

第二目　鮮卑族系考

鮮卑族爲混血兒族，由烏桓族繁衍而來，可分爲前後兩時期，前期敘述鮮卑族之起源，後期則敘述鮮卑族系爲三大系：慕容氏、拓跋氏、宇文氏。鮮卑族最大特點爲融合，使其族漸形優秀，軍事同盟使其強大。

其一：鮮卑爲胡父之義，胡人謂父爲鮮卑，母爲鐵弗（伐）即鮮卑父匈奴母之義。（註九）漢和帝永元中鮮卑族與匈奴十餘萬人融合，匈奴人自號鮮卑，鮮卑由此而盛。（註一〇）產生優秀之混血兒。

其二：檀石槐爲鮮卑擴張壯大之英雄：鮮卑大人檀石槐北拒丁令，東卻夫餘，西拒烏孫，盡得匈奴故地。鮮卑帝國共分東、中、西三部，以便於統治，中部大人其中有慕容氏，即燕之先。（註一一）鮮卑土人呼爲蒙格，蒙格恐與慕容同音。（註一二）西部大人中有日律、推寅、日律恐即耶律（移剌），推寅爲北魏先世推寅氏，恐亦即拓跋氏。

其三：軻比能爲鮮卑復興之英雄：本小種鮮卑（註一三）爲鮮卑復興之英雄人物，居河間中部，可能爲慕容氏兩半部之左部，控弦十餘萬騎，比能爲幽州刺史王雄遣勇士韓龍刺殺。部衆遂微，逃潢水之南，黃龍之北，後自號曰契丹，種類繁盛。（註一四）

其四：慕容氏即奕洛民：慕容廆字交洛瓌，昌黎棘（僰）城鮮卑人，其先有熊之苗裔，義尚黃，號東胡，曾祖莫護跋，莫護即莫賀，其義即大人，入居遼西。（註一五）慕容原義當讀(Ba—yung，古來北方民族之君長以伯羊（Bayan）爲號者頗多。伯羊亦可讀伯顏，伯顏亦蒙格之衍音。（註一六）

其五：宇文氏與烏桓氏近，因其均尚紅，宇文氏含有烏丸、丁零、鮮卑氏之血統，亦爲一混血兒之種。

其六：拓跋氏：拓跋鮮卑和東胡鮮卑，最初起源可能相同，但越至後來，分別越大，主要原因是由于拓跋鮮卑與匈奴融合，形成鮮卑父匈奴母，部落融合是拓跋鮮卑特點之一，部落聯盟是拓跋鮮卑特點之二。（註一七）

其七：拓跋氏八部聯盟之融合：由八部大人，八部帥，八姓族，形成部族無中之融合。

第二節　契丹族系姓名考

契丹部族爲賀蘭氏、耶律氏、字文氏所形成。契丹族系爲大賀氏，遥輦氏，迭剌氏。契丹姓名爲耶律（移剌）族姓，契丹爲族名，遼爲契丹國號。

第一目　契丹族系源流考

其一：賀蘭氏：賀蘭氏族系來之賀蘭部。因稱賀蘭氏。（註一八）

一、賀蘭氏族系：晉之賀蘭涉勒。北周之賀蘭詳，賀蘭願德，賀蘭隆，賀蘭謩。隋之賀蘭蕃。唐時之賀蘭僧伽，賀蘭整，賀蘭楚石，賀蘭越石，賀蘭爽，賀蘭翁，賀蘭敏之，賀蘭賁，賀蘭進明，賀蘭正元，賀蘭進興，賀蘭忠肅，賀蘭靜，賀蘭元哲，賀蘭寡悔，賀蘭務溫，賀蘭琬，賀蘭憲，賀蘭迪等。

二、大賀氏：大賀氏來之賀蘭部，因部族之大因稱大賀氏。（註一九）代（後魏前身）東部大人賀野干，長子賀訥，次子賀染干。（註二〇）大賀氏汗咄羅，窟哥，阿不固，盡忠，失活，娑固（失活從父之弟），鬱于（婆固從父）弟咄于（鬱于之弟），邵固（咄天之弟）等九汗。

其二：賀蘭氏與拓跋氏之關係：鮮卑軻比能與魏爲敵者也。軻比能死，而拓跋氏盛矣，爲魏之張本。（註二一）代（後魏）東部（賀蘭部）大人賀野（績按即蘭）干，長子訥。（註二二）鬱律之子翳槐居於其舅賀蘭部，翳律弟什翼犍世子實取東部大人賀野干之女，生子曰涉圭。爲親上加親之兩半部

制。代王鬱律（移剌）其從子賀傉，拓跋氏亦可稱移剌與賀傉。（註二三）

其三：拓跋氏與幕容氏之關係：什翼犍求婚於燕，燕王皝以其妹妻之。（註二四）魏與燕世爲婚姻。（註二五）亦爲兩半部制。

其四：賀蘭氏與幕容氏之關係：賀蘭氏亦稱移剌氏（註二六）而慕容氏亦稱奕落（移剌）慕容儁小字賀賴（蘭）跋。（註二七）因之賀蘭氏亦可稱爲慕容氏，反之亦然。

其五：賀蘭氏遺族衛拉特（即明之瓦剌）：賀蘭亦可稱慕容氏，慕容廆曾祖莫護（賀）跋即父之義，亦大人之義，賀蘭亦可稱莫賀。（註二八）契弊（苾）酋自號莫賀可汗，永徽四年以其部爲賀蘭都督府。（註二九）契丹共稱爲額爾莫賀（Kelmuck）（註三〇）衛拉特爲其自稱，鄰族稱之爲喀爾莫賀（kelmuck）（註三一）莫賀亦相衍稱，可稱衛拉特爲契弊（苾）之遺族，亦賀蘭之遺族。「喀爾莫賀義即遺族之義」。（註三二）

其六：遥輦氏之族系：有屈列（洼可汗），迪輦俎里（李懷秀，阻午可汗），楷落（胡剌可汗），蘇可汗，鮮質可汗，昭古可汗，耶瀾可汗，巴剌可汗，痕德董可汗。

其七：迭剌氏之族系：雅里，毗牒，頦領，耘里思肅祖，薩剌德懿祖，匀德實玄祖，撒剌的德祖，阿保機。

第二目　契丹姓名源流考

其一：契丹族姓耶律：契弊（苾）可稠爲賀蘭氏，賀蘭氏亦稱耶律即金，元時之移剌。自稱阿剌，共稱賀蘭，即天之義。

其二：契丹族名：契弊（苾）可稱賀蘭，住於焉耆，焉耆亦稱焉支，焉支山即删丹山，因之契弊（苾）亦稱爲删丹，删丹亦契丹，契丹亦稱賀蘭，現今韓國人仍音契丹爲賀蘭。（註三三）

其三：契丹國號爲遼：遼爲單音，歷林（巨流）爲遼之複音。（註三四）亦即曷羅箇，可謂移剌，其義爲黄。遼古字爲尞，亦尞形，爲柴祭天也，義即燒柴尞祭天也。（註三五）尞爲祭天之義，尞行國則稱遼。

其四：契丹族系地名源流考：契丹族姓耶律，伊犁（移剌）有伊列（移剌）國。（註三六）衛拉特住於準噶爾。契弊（苾）亦稱賀蘭，因焉支山稱删丹山而得名，故稱其族名爲契丹。賀蘭氏住於賀蘭山，東遷至松嶺，興安嶺，及醫巫閭山等處。總之，契丹族系之發展，可能由西而東之趨向。

【附　註】

註　一：史記卷一百十匈奴列傳五十葉五上，山戎條。

註　二：漢書卷九四列傳六四葉五上。

註　三：後漢書卷八十烏桓傳葉一上。

註　四：丁謙撰：後漢書卷八十烏桓傳考，蓬萊軒地理學叢書頁三五八。

註　五：石璋如著：史前篇，中國歷史地理頁八。

註　六：三國志三十魏志烏丸傳葉二上下。
註　七：馬長壽著：烏桓與鮮卑頁三十。
註　八：顧祖禹撰：讀史方輿紀要卷十八直隸九葉五九上下。
註　九：北魏書卷九五列傳八三葉十八下，北史，朔方道志，通鑑同引
註一〇：三國志魏志鮮卑條引王沈之魏書葉五下，後漢書鮮卑傳同引。
註一一：三國志魏志鮮卑傳葉六上下。
註一二：大清一統志卷五三七葉四上；蒙古游牧記同引。
註一三：三國志魏志軻比能葉七下—八上。
註一四：通鑑卷一一四晉安帝義熙元年（四〇五）十二月頁三五八八。
註一五：晉書卷百八載記八葉一上。
註一六：馬長壽著：烏桓與鮮卑頁十三。
註一七：魏書卷一百十三官氏志葉四五下。
註一八：晉書卷一百十慕容儁載記十葉七下。
註一九：五代史記卷第七二四九附錄第一葉二上。
註二〇：通鑑卷一〇八頁三四二五。
註二一：通鑑卷七七頁二四六〇。

註二二：通鑑卷一〇八頁三四三五。

註二三：通鑑卷九三頁二九四八，卷九六頁三〇三二；卷九一頁二八九一。

註二四：通鑑卷九六頁三〇三一。

註二五：通鑑卷一〇九頁三四二一。

註二六：彭大雅撰：黑韃事略葉十八上頁四九九。

註二七：湯球撰：前燕錄四、十六國替秋纂校本卷三葉三上；前燕錄四、十六國替秋輯補卷廿六葉一上。

註二八：晉書百八葉一上。

註二九：新唐書二一七下回鶻契宓條葉八下。

註三〇：劉義棠著：中國邊疆民族史頁二三〇。

註三一：凌純聲著：中國疆民族，邊疆民族論集頁十一。

註三二：土耳其人佚名：Tavarch—ilHamse P. 26.

註三三：巴克爾著，黃肅靜譯，韃靼千年史頁二二五。

註三四：金毓黻著：慕容氏與高句驪，禹貢半月刊卷七合期一二三頁一八六；曹廷杰撰：東北邊防輯要卷上葉三上。

註三五：段玉裁著：說文解字注篇十下葉二五下。

註三六：白鳥吉著：西域史之新研究，塞外史地論文譯叢頁一一。

參考書目

一、中文部份：

王　昶撰（民）　金石萃編四函　台北藝文印書館石刻史料叢書　民國五十六年

王　稱撰（宋）　東都事略一三〇卷　台北文海出版社景印　民國五十六年

王　溥撰（宋）　唐會要一百卷　台北世界書局景印　民國五十二年

王欽若撰（宋）　冊府元龜一千卷　台北清華書局景印　民國五十六年

火者原編　韃靼譯語（華夷譯語）上下卷，遼金元僅存語文錄第五冊　台北台聯國風景印　民國六十三年

司馬遷撰（漢）　史記一百三十卷　台北商務印書館景印百衲本　民國五十六年

司馬光撰（宋）　資治通鑑二九四卷　台北世界書局景印　民國五十一年初版

令孤德棻撰（唐）　北周書五十卷　台北商務印書館景印百衲本　民國五十六年

佚　名編　至元譯語十八門　遼金元僅存文語錄第五冊　台北台聯國風景印　民國六十三年

佚　名編　北虜譯語十七門　遼金元僅存文語錄第五冊　台北台聯國風景印民國六十三年
沈　約撰（梁）　宋書一百卷　台北商務印書館景印百衲本　民國五十六年
杜　佑撰（唐）　通典二百卷　台北新興書局景印　民國五十五年
杜大珪撰（宋）　名臣碑傳琬琰集二十七卷　台北文海出版社景印民國五十八年
李壽撰（宋）續資治通鑑長編　台北世界書局景印本
清遂良（唐）　晉書一百三十卷　台北商務印書館景印百衲本　民國五十六年
金毓黻編（近）　遼陵石刻集錄，遼金元僅存語文錄第一集　台北台聯國風景印　民國六十三年
范　曄撰（劉宋）　後漢書一百二十卷　遼金元僅存語文錄第一集　台北台聯國風景印　民國六十三年
范　鎮撰（宋）　東齋紀事　叢書集成初編文學類　台北商務印書館民國五十六年
柯劭忞撰（民）　新元史二五七卷　台北開明書局景印　民國五十八年台三版
班　固撰（漢）　漢書一百卷　台北商務印書館景印百衲本　民國五十六年
徐孟莘撰（宋）　三朝北盟會編二五〇卷　台北文海出版社景印　民國五十一年
脫　脫撰（元）　金史一一六卷　台北鼎文書局明初精抄本　民國六十三年
脫　脫撰（元）　金史一三五卷　台北商務印書館景印百衲本　民國五十六年
宋　濂撰（明）　元史二五七卷　台北商務印書館景印百衲本民國五十六年

陳　壽撰（晉）　三國志三十卷　台北商務印書館景印百衲本　民國五十六年
張其昀修（民）　清史五五〇卷　台北中國文化研究所刊本　民國五十年
郭造卿著（近）　盧龍塞略十九卷　台北台聯國風景印　民國六十三年
欽　定（清）　遼史語解十卷　台北台聯國風景印　民國六十三年
欽　定（清）　金史語解十二卷　台北台聯國風景印　民國六十三年
欽　定（清）　元史語解二十卷　台北台聯國風景印　民國六十三年
欽　定　全唐文一千卷　台北經緯書局景印　民國五十四年
黃任恒撰（近）　遼代金石錄四卷　台北鼎文書局景印遼史彙編　民國六十三年
葉隆禮撰（宋）　契丹國志二十七卷　台北廣文書局景印　民國五十七年
劉　昫（後晉）　舊唐書二百卷　台北商務印書館景印　民國五十六年
樂　史撰（宋）　太平寰宇紀二百卷　台北文海出版社景印　民國五十六年
歐陽修撰（宋）　祈唐書一百五十卷　台北商務印書館景印百衲本民國五十六年
薛居正撰（宋）　五代史一百五十卷　台北商務印書館景印百衲本民國五十六年
魏　收撰（北齊）　北魏書一百四十卷　台北商務印書館景印百衲本民國五十六年
魏　徵撰（唐）　隋書八十五卷　台北商務印書館景印百衲本民國五十六年
羅振玉輯（近）　滿洲金石志六卷　遼金元史僅存語文錄第八冊　台北台聯國風景印　民國六十三年

羅福成輯（近）女眞譯語十六門　遼金元史僅存語文錄第八冊　台北台聯國風景印　民國六十三年
羅繼祖輯（近）滿洲金石別錄上下卷等　遼金元史僅存文錄第八冊　台北台聯國風景印　民國六十三年
蕭子顯撰（唐）南齊書五十九卷　台北商務印書館景百衲本　民國五十六年
丁　謙撰（民）蓬萊軒地理學叢書四冊台北正中書局景印　民國五十一年台一版
小牧實繁著（民）民族地理學　台北商務印書館人人文庫　民國六十年鄭　震譯著
方豪著（民）宋史二冊台北華岡出版部　民國六十三年台四版
王之臣撰（民）朔方道志三十二卷　台北成文出版社景印　民國五十六年
王樹　撰（清）新疆山脈圖志六卷　台北成文出版社景印　民國五十七年
巴克爾著　匈奴史七六頁台北商務印書館　民國六十二年
巴克爾著韃靼千年史二八二頁台北商務印書館　民國六十年黃淵靜譯
白鳥庫吉著塞外史地論文譯叢一—二輯　長沙商務印書館　民國二十七年初版王魯古譯著
札柯斯欽著（民）北亞游牧民族與中原農業民族間的和平戰爭與貿易關係　台北正中書局民國六十二年
札奇斯欽著（民）蒙古之今昔　台北中華文化出版委員會　民國四十四年
札奇斯欽譯　蒙古與俄羅斯二冊　台北中華文化出版委員會　民國四十四年

札奇斯欽著　蒙古文化史講義　政大邊政研究所　民國五十九年
朱希祖著（民）　西魏賜姓源流考　張菊生七十紀念論文史語所
朱希祖著（民）　後金汗國賜姓考頁十九—六二　史語所集刊外論慶祝蔡元培六十五歲論文集　民國廿一年
多　桑著　蒙古史上下冊　台北商務印書館民國五十六年馮承鈞譯
牟　理著　馮承鈞譯　東蒙古遼代舊城探考記　台北商務印書館　民國五十四年
佚　名撰（清）　布特哈志略一冊台北廣文書局景印　民國五十七年
祁韻士撰（清）　皇朝藩部要略十八卷　台北文海出版社　民國五十六年
李光廷撰（清）　漢西域圖考七卷　台北樂天出版社　民國六十三年
李有棠撰（清）　遼史紀事本末四十卷　台北大華印書館　一九七一年
李宗侗著（民）　中國古代社會史二冊　中華文化出版委員會　民國五十二年
李符桐著（民）　回鶻與遼朝建國之關係　台北文風出版社　民國五十九年
李符桐著（民）　回鶻史一冊　台北文風出版社　民國五十二年
李符桐著（民）　邊疆歷史上下冊　台北蒙藏委員會　民國五十一年
李愼儒撰（清）　遼史地理考，廿五史補編六　台北開明書局　民國五十八年
李學曾編著（民）　亞洲種族地理　台北正中書局　民國四十六年一版

岑仲勉著（今）　突厥集史十冊　中華書局景印　一九五四年
岑仲勉校（今）　元和姓纂　上海商務印書館　民國三十七年
岑仲勉著（今）　中外史地考　台北泰順書局景印　民國六十二年
岑仲勉著（今）　隋唐史二冊　香港文昌書局　一九七一年
何秋濤撰（清）　朔方備乘六十八卷　台北文海出版社景印　民國五十三年
何聯奎撰（民）　民族文化研究　台北　民國三十九年
和　坤撰（清）　欽定熱河志一二〇卷　台北文海出版社景印　民國五十五年
馬長壽著（近）　烏桓與鮮卑
芮逸夫著（民）　中國民族及其文化論稿上下冊　台北藝印書館　民國六十二年
芮逸夫著（民）　中國民族史，中國文化論集四冊　台北華岡出版部民國五十六年
芮逸夫主編　廿三種正史及清史中各族中史料彙編　台北史語所
金毓黻著（民）　東北通史上編　台北樂天出版社景印　民國六十年
金毓黻著（民）　宋遼金史　台北樂天出版社景印　民國六十年
胡汝礪撰（清）　寧夏新志　台北成文出版社景印　民國五十七年
胡耐安撰（民）　邊疆民族志　台北蒙藏委員會　民國五十二年
柳詒徵編著（民）　中國文化史三冊　台北正中書局　民國五十五年

馬端臨撰（元） 文獻通考三八四卷 台北新興書局 民國五十三年
姚明煇編（民） 蒙古志 台北文海出版社 民國五十六年
姚從吾著（民） 東北史論叢二冊台北正中書局 民國五十九年
姚從吾著（民） 遼史講義 台北正中書局 民國六十二年
姚薇之著（近） 北朝胡姓考 武漢大學 一九五七年
洪　鈞撰（清） 元史譯文證補一一九卷 上海商務印書館 民國二十五年
凌純聲著（民） 松花江下游的赫哲族 史語所 民國二十三年
凌純聲著（民） 中國邊疆民族，邊疆文化論集四冊 華岡出版部民國五十九年
凌迪知輯（清） 萬姓通譜 台北新興書局景印 民國六十年
梁建章修（民） 察哈爾通志二七卷 台北文海出版社景印 民國五十四年
袁大化修（民） 新疆圖志一一六卷 台北文海出版社景印 民國五十四年
厲　鶚撰（清） 遼史拾遺十二卷 台北鼎文書局 民國六十三年
馮承鈞著、成吉思汗傳 台北商務印書館 民國五十五年
馮承鈞著 西城地名考 台北中華書局 民國五十八年
馮家昇著（今） 遼史源流考一卷，遼史彙編 台北鼎文書局 民國六十三年
張　穆撰（清） 蒙古游牧記十六卷 台北文海出版社景印 民國五十四年

張大軍著（民）新疆民族變遷及現狀　台北中央文物供應社　民國四十三年
張伯英修（民）黑龍江志稿六十二卷　台北文海出版社景印　民國五十四年
張其昀撰（民）中國民族志　台北商務書館　民國五十八年
張金吾輯（清）金文最五十九卷　台北成文出版社景印　民國五十六年
張星烺輯（民）中西交通史料彙編　台北世界書局景印　民國五十一年
張建國著（民）唐代蕃臣蕃將考　中國文化學院史研所碩士論文
張獻建撰（民）新疆地理志五卷　台北成文出版社景印　民國五十七年
張興唐譯（民）蒙古社會制度史　台北華岡出版部　民國四十六年
陳　述著（今）契丹史論證稿　國立北平研究院　民國卅七年
陳　述著（今）遼文匯十二卷　台北鼎文書局　民國六十三年
陳　述著（今）契丹社會經濟史稿
陳　述撰（今）金史拾補五種
陳　衍撰（今）遼詩紀事十二卷　台北鼎文書局　民國六十一年
陳夢雷撰（清）古今圖書集成氏族典耶律姓條四卷　台北鼎文書局民國六十三年
陳夢雷撰（清）古今圖書集成氏族典移剌姓條一卷　台北鼎文書局民國六十三年
陳寅恪著（今）隋唐制度略論　台北商務印書館　民國六十年

陳漢章撰（今）　遼史索隱　台北鼎文書局景印　民國六十三年
博　明著（清）　西齋偶得　台北廣文書局景印　民國五十八年
彭大雅撰（宋）黑韃事略箋證　台北正中書局景印　民國五十一年
欽　定（清）　大清一統志五六〇卷　台北商務書館　民國五十一年
欽　定（清）　吉林通志一二〇卷　台北文海出版社　民國五十六年
欽　定（清）　盛京吉林黑龍江等處標注戰蹟輿圖　史語所
欽　定（清）　皇輿西域圖志四十八卷　台北文友書局景印　民國五十四年
程光裕著（民）　宋太宗對遼戰爭考　台北商務印書館　民國六十一年
程發軔著（民）　中俄國界圖考　台北蒙藏委員會　民國六十一年
程發軔著（民）　春秋左氏傳地名圖考三編　台北蒙藏委員會　民國六十一年
楊復吉撰（清）　遼史拾遺補五卷　台北鼎文書局　民國六十三年
楊家駱編（民）　遼史長箋　二稿本　未刊行趙振績輯
楊家駱著（民）　遼史世表長箋　中國學術史研究所　民國五十七年
楊殿珣撰（民）　石刻題跋索引　台北文海出版社　民國六十年
賈弘文撰（清）　鐵嶺縣志　台北廣文書局景行　民國五十七年
趙　珙撰（宋）　蒙韃備錄　正中書局景行

趙尺子編（民） 西北利亞問題論戰趙尺子版 民國六十一年
趙鐵寒著（民） 古史考述 台北正中書局 民國六十一年
鄭 樵著（宋） 通志二百卷 台北新興書局景印 民國五十四年
鄭德坤著（民） 中國文化人類學 台北國史研究室 民國六十二年
剪伯贊編（今） 歷代各民族傳記會編四冊中華書局 一九五八年
齊召南撰（清） 水道提綱二十八卷 台北文海出版社景印 民國五十八年
蔣復璁著（民） 宋史新採 台北正中書局 民國五十八年
黎東方著（民） 細說元朝二冊台北傳記文學社 民國六十一年
劉 節編（民）中化國古代宗族移殖史論 台北正中書局 民國四十六年
劉義棠著（民） 中國邊疆民族史二冊台北中華書局 民國五十八年
衛挺生著（民） 穆天子傳今考三冊台北中華學院 民國五十八年
錢 穆編（民） 史記地名考 香港太平書局 一九六二年
錢大昕撰（清） 遼史考異、拾遺二卷 台北鼎文書局掠印 民國六十二年
魏 源纂（清） 海國圖志六十卷 台北成文出版社景印 民國五十六年
鍾廣生修（民） 新疆志稿三卷 台北成文出版社景印 民國五十七年
羅繼祖編（今） 遼史校戡記廿五卷 台北大華印書館景印 民國六十年

蘇慶彬著（民）　兩漢迄五代入居中國之蕃人氏族研究　香港新亞研究所專刊民國五十六年
顧祖禹撰（清）　讀史方輿紀要一三〇卷　台北新興書局景印　民國六十二年
王民信著（今）　契丹民族溯源　新時代十一卷六期二五—二八頁七期三二—三三頁
王民信著（今）　契丹古八部與大賀遙輦迭刺關係　史學彙刊四期一二〇—三四頁
方壯猷著（民）　契丹民族考　女師大學術季刊一卷二期二一五—二六七頁
方壯猷著（民）　韃靼起源考　國學季刊三卷二號一八五—二〇〇頁
白鳥庫吉著（民）　東胡民族考　馮家昇譯地學誌一七二期廿一—五五頁
李學智著（今）　黑龍江與隋唐兩代之黑水靺鞨　大陸誌十三卷八期二五二—二五七頁
李學智著（今）　遼史中有關契丹族史料之檢討　政大邊政年報四期七—四十一頁
周一良著（今）　論宇文周之種族　史語所集到七本六號五〇五—五一七頁
姚從吾著（今）　說遼朝契丹人的世系制度　遼史彙刊七三七—九四二頁
柳翼謀著（今）　契丹大小字考　史地學報二卷六號十五—十八頁
唐　屹著（今）　南齊書拓跋語試釋　政大邊政研究所年報四期八十九—一二三頁
馮家昇著（今）　述東胡系之民族　禹貢三卷八期三五五——三六〇頁
馮家昇著（今）　慕容氏建國始末　禹貢三卷十一期五一九—五二九頁
馮家昇著（今）　匈奴民族及其文化　禹貢七卷五期六三七—六五〇頁

馮家昇著（今）契丹名號考釋　燕京學報十三期
馮家昇著（今）太陽契丹考釋　史學年報一卷三期一六三－一七〇頁
馮家昇著（今）契丹祀天之俗與其宗教神話風俗之關係史學年報一卷四期一〇五－一一八頁
陳　述著（今）契丹女眞漢姓考　東北集刊二期二四一－二四六頁
陳　述著（今）契丹世選考　史語所八本三分頁
莊吉發著（今）清高宗兩定準噶爾始末　故宮文獻四卷二期二七－五三頁
程發軔著（今）西伯利亞命名考　學術季刊五卷一期九十五－一〇九頁
劉銘恕著（今）契丹民族表葬制度之變遷及其特點　中國文化研究彙刊一卷一二五－一六四頁
厲鼎煃著（今）熱河契丹國書碑考　國學季刊三卷四期
繆　鉞著（今）北朝之鮮卑語　中國文化研究滙刊十卷五十三－六十七頁
繆　鉞著（今）東魏北齊政治上漢與鮮卑之突厥　史學論叢一期七十－八九十四頁
韓儒林著（今）突厥蒙古祖先傳說　史學集刊一期一－廿九頁
蘇國良譯（今）中國遼代社會史總述　亞洲研究譯叢三－四集一－三八頁

二、外文部份

日文書刊

白鳥庫吉修　滿洲歷史地理一—二巻　丸善株式會社　昭和十五年四四一—六五一頁
田村實造著　中國征服王朝の研究上冊東洋史研究會　昭和十二年四四四年
外山軍治著　金朝史研究　東洋史研究叢刊十三　一九六七年　六七九頁
那阿通世　成吉思汗實錄　東京古田晁　昭和十八年　五九一頁
島田正郎　亞細亞之歷史　京都三宅淳三　昭和四十三年　三七六頁
愛宕松男　契丹古代史の研究京都大學文學部內東洋史研究會昭和三十四年三二八頁
八木奘三郎　遼金民族の古傳　文化　滿蒙十六—九　昭和十年　一七三—一九一頁
小川裕人　世里沒里に就いこの疑　東洋史研究二—三　昭和十二年一—五十頁
三上次男　金室の始祖說話に就いこ　史學雜誌五十一—七　昭和十五年二期一—廿二頁
白鳥庫吉　蒙古族の起源　史學雜誌十八編二三四五期　明治十年二—五月　二期一—廿二頁
田村實造　契丹開國傳說の成立を八部組織　東洋史研究二—二昭和十一年二頁
田村實造　契丹時代　歷史大系　昭和十年　六十頁
平島貴義　唐末五に於る契丹と實との關係　史淵四五　昭和廿五　二—廿五頁
村田治郎　東丹國人皇王の考察　滿蒙十六九昭和十年　四十六—五九頁
青山定雄　宋元の地方誌に見える社會經濟史料　東洋學報卷二五一九三八年　一一九—二九七頁
松　井　契丹勃興史　滿鮮報告輯一　大正四年　一五八頁

松　井　契丹人の信仰　滿鮮報告輯八　一七七—三六一頁
松　井　五代の世於ける契丹（上）　滿鮮報告輯三　二九五—三六一頁
津田左右吉　遼代烏古敵烈考　滿鮮報告輯二　一—十六頁
輕　根　蒙古種族考　大中華卷一期十一　大正十五年　頁一—二十五

西文書刊

Howorth,Henry,H.: *History of Mongoles*.Taipei,Cheng Wen press1970,743 p.p.

Nenges,Karl H.:Tungusen und Ljao". *Abhandlungen der DeutschenMorgenland is chen* ,vol.XXVIII,(Wiesbaden,1968)p.1-66.

NyHky E.B.U.N.:Knianch

Stein,Eolf:"Leao-Tche", *Toung PAo Series II vol. XXVI,p.175,(LeidinE., T.Brill,1929)p. 1-195.*

Unknown: *Taviih-Hamse Angora* ,1910.126 p.p.

Wittfogel, Karl and Fengchia-Sheng: *History of Chinese Society,Liao* ,philadelphia,American philasophical Society, 1949, 725 p.p.

Wuchi-yu:"Who were oiraty",*The yen-ching jaurnal of social studies* vol. III No. 2,yen-ching university, peiping, China, August, 1941,p1-26.

Yule H. and H. caroier: *Cathage and the why thither* ,Taipei,Cheng wen perss,1970, 356 p.p.